목동이 만난
사람들

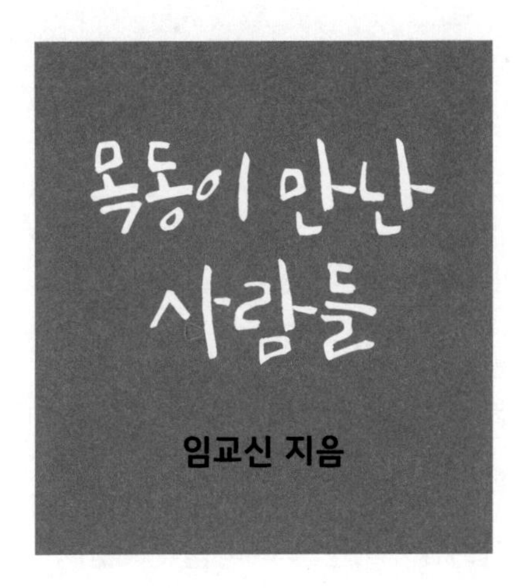

가이오

여는 글

비교적 일찍 목양을 감당했습니다. 20대 초반 스스로를 양을 돌보는 '목동'이라 여기고 매주 중고등부 주보에 일상을 기록해 보았습니다. 신앙 및 사역 생활을 수필 혹은 일기 형식으로 적어 본 글입니다. 책으로 엮은 모든 글은 '목동생각'이라는 이름으로 그렇게 시작되어 쌓여 온 것입니다.

처음에는 글 쓰는 연습을 위해 시작했는데, 한 해 두 해 글 쓰는 일이 쌓이면서 이제는 삶의 일부가 되었습니다. 언제부터인가 글이 스스로를 돌아보게 하며 저를 가르쳐 성장시키기도 하고, 주변 환경과 사람들을 말씀 안에서 깊이 묵상하고 추억하게 만드는 통로가 되고 있습니다. 무엇보다 저와 저를 둘러싼 주변의 소소한 일상까지도 일일이 하나님께서 인도해 가시는 것에 대해 자취를 남기는 따뜻하고 소박한 사명처럼 느껴집니다.

사실 '목동생각'은 저 혼자만의 생각이 아니라 성도들과 함께 써 내려간 삶입니다. 책으로 출간하기 위해 쓴 것이 아닙니다. 그저 시간이 지나면 없어지는 생각이 아니라, 성도들과 오래도록 마음을 나누고 싶어 매주 주보에 올리면서 나 자신을 채근한 것입니다.

예상치 못했는데 성도들이 좋아해 주셨습니다. 주보를 열면 '목동생각'부터 챙겨 보는 분들도 많고, 스크랩을 해 두신다는 분도 계십니다. 설교보다 '목동생각'이 더 감동이라는 분도 계십니다. 성도들이 좋아하니 저도 기쁘고, 자연스럽게 소통의 창구가 되어 주고 있습니다.

그동안 출간을 제안하는 이야기도 들려왔지만 그런 가치가 있을까 의문이 들었습니다. 그러던 중에 재개발로 인해 30여 년을 지켜 온 예배당 건물을 허물 수밖에 없는 현실과 맞닥뜨리게 되었습니다. 많이 서운하고 힘들 성도들에게 우리 공동체의 걸음걸음을 함께 추억하는 글이 작게나마 위로가 되지 않을까 생각하게 되었습니다. 그간의 이야기들을 엮어 책으로 내기로 결심한 소박한 이유입니다.

그리스도를 따르는 여정을 함께하는 성도들은 제가 부름 받은 이유입니다. 부족한 목사를 위해 장로님들이 기도와 격려를 아끼지 않습니다. 양가 부모님의 사랑과 기도의 지원은 든든함 그 자체입니다. 특별히 사랑하는 아내에게 고마운 마음을 전합니다. 아내와의 대화는 지성과 감성과 영성에 새로운 빛을 던져 줄 때가 많습니다. 자신의 전문성을 내려놓고 가정을 책임지며 아이들을 존귀한 모습으로 돌봐 주어 마음놓고 목회를 할 수 있습니다. 오랜 친구인 아내와 함께 성장할 수 있어 늘 고맙습니다. 두 딸은 하나님이 허락하신 특별한 선물입니다. 그들의 생기발랄함에서 사는 이유를 발견합니다.

이 책을 출간하도록 격려해 주신 당회와 마음을 모아 주신 우리 교회 선교위원회, 그리고 부족한 글을 읽어 주시고 추천해 주신 분들과 전문가의 손길로 다듬어 주신 '도서출판 가이오'에 감사의 마음을 전해 드립니다. 이 책을 읽는 분들에게 은혜와 평강이 함께하기를 소망합니다.

호계동 작은 산자락 아래 목양실에서

제일소망교회 담임목사 임교신

추천의 글

이야기는 힘이 있다. 특히 일상의 현장 속 이야기는 진정성 있게 우리의 마음에 저며 들어온다. '목동생각'이 그렇다. 교회와 목회에 대한 이론서는 차고 넘치지만, 이런 살아 있는 이야기가 가득한 책은 드물다. 더군다나 이 짧은 이야기들은 모두 본질을 다루고 있다. 공동체, 목양, 동역, 배움 그리고 일상에 이르기까지 쉽게 읽히지만 마음에 깊은 여운을 남긴다. 목자의 마음이다.

오래된 장막을 허물고 새로운 터전으로 이전해 가는 교회에게 이 마음은 건물보다 더 소중한, 간직해야 할 유산이다. 오늘도 목자와 목동으로 살아가는 모든 성도들과 목회자들에게는 따뜻한 격려이자 부드러운 도전이 될 것이다.

김형국 _ 목사, 하나복DNA네트워크 대표, '위조된 각인' 저자

'로마서 16장'에는 수많은 이름이 등장한다. '이게 뭐지?' 라는 생각이 든다. 그러나 그들은 초기 로마 교회의 보석들이었다. 적어도 사도 바울에겐 그러했다. 이 책에는 신정례, 김성실, 박정원, 민성 형제, 이옥례, 이덕순, 박덕성, 이신덕, 미희 자매, 정숙환, 소영 자매, 권연오, 신원자, 이옥남, 기태 형제 등 수많은 무명의 성도들과 친구들의 이름, 사연이 있는 사건들과 장소와 모임들이 기록되어 있다. 적어도 임교신 목사님에겐 더할 나위 없는 소중한 하늘의 보석들이다.

이 책을 읽는 내내 남의 일기장을 훔쳐보는 느낌이었다. 정감 어린 마음씨와 애정으로 목양에 전념하는 한 사역자의 잔잔한 슬픔과 기쁨, 고뇌와 즐거움을 담담한 필체로 써 내려간 목회 일기이기에 깊은 울림이 있다. 자신을 목동이라 생각하는 겸허함 속에 목자이신 예수 그리스도의 그림자가 어렴풋이 스친다. 한길 가는 나그네의 심정으로 올곧게, 그리고 우아하게 걷는 목동의 뒷모습이 공동체 모두에게 길고 진한 여운으로 남으면 좋겠다.

류호준 _ 평촌 무지개교회 은퇴목사, 백석대학교 신학대학원 구약학 은퇴교수

"양천구 목동木洞……?"

"목동牧童 생각입니다."

문화와 생각을 담는 그릇에 따라 이토록 차이가 있다. 목자牧者가 된 목동의 일상이 묵상이 되고 고백이 된 물을 그동안 슬쩍슬쩍 몇 모금 마셔보곤 했다. 그 단편들을 한 그릇에 담아 마실 수 있게 되었다. 어쩐지 '목회 단상' 묵향이 난다 했다.

하나님의 믿음을 가르치도록 맡겨진 사명 안에서 지금 이 시대에도 진리 안에 거하기 위해 몸부림치는 목동이 곁에 있어 즐겁다. 이치理致에 맞지 않는 문화와 생각의 밥그릇 더미 속에 살아가지만, 두레박으로 퍼 주는 생명수 같은 물을 매주 마실 수 있는 성도는 참 행복한 사람이다. 책은 그들을 이야기하고 있다.

신은성 _ 향산교회 담임목사

유난히 일찍 잠에서 깼다. 3시 반이었다. 화요 교직원 예배, 오전 강의가 있는 날이어서 샤워를 마친 후 곧바로 연구실로 향했다. 도착하니 5시가 조금 못되었다. 전날 연락을 받았다. 목회하면서 '페이스북'에 연재했던 '목동생각'을 출간하기로 했단다. 고요한 아침, 보내 준 파일을 열고 원고를 읽었다. 그동안 많은 책의 추천사를 썼지만, '목동생각'처럼 원고를 꼼꼼히 읽은 기억이 없다. 한 호흡으로 읽혔다.

글 사이사이에 박힌 목회자의 마음이 느껴진다. 그간 만나 온 사람들도 글마다 미소를 머금고 어김없이 등장한다. 언덕 위 붉은 벽돌 교회가 삶의 둥지를 옮기는 과정에서 '아쉬움'과 '새로움' 사이를 오갈 성도들에게 작은 위안이 되었으면 하는 목회자의 마음이 느껴져서 더욱 절절하다. 중년에 접어든 목사님이 새로운 둥지에서 열어 갈 미래 목회가 더 기대되는 이유이기도 하다.

유태화 _ 백석대학교 신학대학원 조직 신학 교수

'목동생각'은 우리 교회 주보 한 모퉁이를 차지하고 있는 담임목사님의 목회 칼럼이다. 매주 주보를 통해 '목동생각'을 읽을 때마다 진솔하고 따뜻한 목사님의 마음을 느끼곤 한다. 성도들과의 소소한 만남을 엿보게 되고 목사님의 일상의 생각을 만나게 된다.

목동을 처음 만난 시기가 17년 전인 2004년이다. 당시 임교신 전도사님으로 부임하여 6년 동안 시무하다가 우리 교회를 사임하였다. 그 후에 후임 목사 청빙 과정을 통해 극적으로 다시 만나 2013년에 담임목사님이 되었다. 젊기에 학생 및 청년들과 잘 어울렸고, 또 젊지만 어르신들과도 원만히 소통하면서 사랑을 듬뿍 받았다. 사임한 30대 그 젊은 목동을 우리 교회 담임목사님으로 청빙한 이유다. 물론, 모든 과정과 결과는 우리의 기도를 들으신 하나님께서 인도하셨음을 믿는다. 그때 그 목동을 다시 만나 흐르는 지금의 시간, 제일소망교회 성도들은 행복해한다.

책이 발행되어 우리 믿음의 가족들이 아련하고 따뜻한 지난 이야기들을 다시금 모아 읽을 수 있는 기회가 되어 기쁘다. 진솔한 목동의 마음을 담은 글들이 읽는 모든 분들에게 울림이 되고 쉼이 되면 좋겠다.

최상대 _ 제일소망교회 장로, 선교위원장

글 순서

2 목양을 통해 주의 사람들로 세워지다

하나님의 음성을 듣고 하나님을 알아 가는 양들

3 바람 불어와도 기도하며 걷네

위로와 도전과 감동을 건네는 동역의 사람들

5 흩어져 있고 홀로 있어도 믿음으로 하나다

하늘 아버지가 기뻐하시는 이유, 믿음의 지체들

3
2021 MAR 辛丑年
日 月 火 水 木 金 土
1 2 3 4 5 6
7 8 9 10 11 12 13
14 15 16 17 18 19 20
21 22 23 24 25 26 27
28 29 30 31 1 2 3
제일
소망교회
www.jeilsomang.net
(031)454-2774

1

눈물은 반으로 나누고 웃음은 배로 커지다

사랑과 섬김으로 배부른 온 가족 공동체

노숙인
한기정 성도

담임목사 이임 및 취임식이 있었던 지난 주일 아침, '노숙인 소망예배'를 드린 후 아주 반가운 소식을 들었다. 노숙인 예배의 초창기 참석자인 한기정 성도가 자신의 집으로 돌아가기로 결정했다는 소식이었다. 집이 창동이라 멀어서 앞으로 '제일소망교회'에 출석하기는 어렵지만, 그동안 베풀어 준 은혜를 잊지 않겠다는 전언을 들었다. 교회 입장에서 성도 한 명이 줄어드는(?) 일이지만 감사와 기쁨이 밀려왔다.

노숙인들과 처음 예배를 드릴 때, 진동했던 냄새와 무너진 인격과 절망적인 모습을 보면서 '함께 예배드리며 밥과 2천 원을 제공하는 것이 그들의 변화에 어떤 역할을 할 것인가?' 의문이 들기도 했다. 그런 내 생각과 달리 하나님은 말씀을 통해 차곡차곡 은혜를 주고 계셨다.

노숙인들의 사정은 제각각이다. 자본주의 사회 구조의 피해자도 있을 것이고, 본인이 게을러서 그리 된 분들도 있을 것이다. 그들의 이런 저런 사정을 따지지 않고 그동안 묵묵히 그들을 위해 예배와 식사를 준비하며 주일 새벽부터 섬기는 분들이 계시다. 하나님은 귀한 섬김을 통해 노숙인들에게 은혜를 베풀고 계셨다.

교회가 진력해야 할 부분이 이런 것이라는 생각을 다시 한 번 되새기게 된다. 사랑으로 섬기고 말씀으로 진리를 드러내며 하나님나라의 기쁨과 영광을 제공하는 교회, 삶에 지친 이들이 안식을 누리고 새 힘을 얻으며 인생의 방향을 제대로 설정하여 이 세상에서 하나님의 영광을 드러내면서 살아가는 교회, 그 일을 위해 모든 에너지와 예산과 섬김을 쏟아붓는 교회, 지속적인 하늘의 은혜와 능력을 공급 받아 영혼들의 변화를 위해 간절한 기도와 희생을 아끼지 않는 교회, 이런 '거룩한 낭비'를 일삼는 교회가 되기를 꿈꿔 본다.

함께 기도해 주면 좋겠다. 이·취임식을 통해, 진리의 바통을 이어 받은 사람은 바로 성도들이기 때문이다. 성도가 교회라고 생각한다. 트랙 밖 멀리서 구경꾼이 되는 것이 아니라, 하나님이 주신 현장에서 최선을 다해 경주하는 성도가 되기를 소망한다.

김장
풍경

지난 월요일 서초동에 있는 '산정현교회'에서 신학대학원 동문들이 모여서 교수님 한 분을 위해 깜짝 파티를 열었다. 회갑을 맞이한 선생님을 위해 1년여 전부터 동기 목사님 두 분이 차근차근 준비해 온 행사다.

행사를 여는 순서로 예전 '시인과 촌장'을 이끌던 하덕규 교수님이 통기타를 들고 나와 여전히 감미로운 목소리로 '풍경'과 '가시나무'를 불러 주셨다. 오랜만에 아름다운 기타 음색과 하모니카의 조합이 어우러진 노래를 들으며 잠깐 상념에 잠기기도 했다. '풍경'이라는 노랫말을 들어보면 참 성경적이다. 노래를 부르신 후 이 노래에 대해서 설명하시기를, 예수님을 알고 음악에 신앙이 조금씩 녹아들기 시작할 무렵인 20대 초반쯤 만든 노래라는 것이다.

시인이자 가수는 이렇게 노래한다.

세상 풍경 중에서 제일 아름다운 풍경
모든 것들이 제자리로 돌아가는 풍경

사실 성경은 모든 것을 제자리로 돌리는 책이다. 죄로 인해 엇나가고 빗나간 모든 것을 돌아오게 하는!

지난주에는 교회에서 김장을 했다. 함께 모여서 이야기를 나누고, 웃음꽃을 피우고, 그러다가 들어간 침의 파편들이 양념 속에 묻혀 살아 있는 유산균과 김치를 만든다. 김장, 참 인간적이고 한국적이다. 한국인의 심성이 잘 반영되어 있는 것이 김장하는 풍경이다.

파를 다듬는 분들, 속을 넣고 버무리는 분들, 봉지에 묶어 차곡차곡 쌓아 놓는 분들, 숨죽은 배추를 나르는 분들, 주변 쓰레기를 틈틈이 정리하는 분들, 모인 성도들을 위해 간식을 배분하고 식사를 준비하는 분들, 어느 때는 묵묵히 어느 때는 큰 소리로 수다를 떨면서 배추가 제자리를 찾아간다. 피곤한 중에 참석하기도 하고, 새벽기도가 끝난 후에 바로 투입되기도 하고, 저녁 늦은 시간에 무를 썰기도 하고, 월차를 내기도 하고, 아이를 잠시 맡겨 놓고 오기도 한다. 참석 못하는 아쉬움과 미안한 마음으로 간식을 보내오기도, 결제카드를 맡기기도 한다.

그렇게 우리의 김장은 완성되었고 지금 냉장고에서 또 다른 완성을 향해 가고 있다. 발효되고 숙성되는 시간을 거쳐 먹기 좋게 익은 김치의 유익한 성분이 우리 몸에 들어올 때 모두에게 건강과 유익이 되기를 기대한다. 김치를 먹는 1년 내내 행복했으면 좋겠다.

가장 실력 없는 자들이 모였다

"하나님, 우리 교회에서 음식을 가장 못하는 자들이 모였습니다."

'수요전도팀'을 위해 점심에 국수를 준비하는 신정례 권사님이 김성실, 박정원 집사님과 함께 국수를 만들기 전에 손을 맞잡고 기도를 하셨는데 제일 먼저 나온 기도가 이 말이라고 한다. 순간, 함께 기도하던 성도들의 웃음보가 '빵' 터졌다고 한다. 심방 중에 이 재미난 이야기를 전해 들으면서 속으로 생각해 봤다.

'교회에서 봉사하고 헌신하는 분들이 모두 이런 마음을 가졌으면 좋겠다.'

프로는 돈을 받고 그 실력을 증명해야 한다. 실력이 증명된 만큼 연봉협상을 한다. 하지만 우리는 프로가 아니다. 우리는 돈을 받고 하는 것이 아니라 오히려 돈을 내고 한다. 성가대원도, 연주자도, 구역장도,

부장도, 기관장도, 임원도, 교사도 그 자리에서 하나님을 사랑하는 마음으로 예배하고 섬기고 가르치는 것이다. 물론, 우리는 그 자리에서 최선을 다해야 한다. 최선으로 연습해야 하고 준비해야 한다. 그런데 이것보다 더 중요한 것이 있다.

'하나님이 우리의 찬양을 받으시는가?'

'하나님이 우리의 섬김을 받으시는가?'

'우리가 가르치는 아이들에게 하나님의 은혜가 존재하는가?'

이와 관련해서 우리는 늘 이런 마음을 가졌으면 좋겠다.

"하나님, 가장 실력 없는 자들이 모였습니다!"

이것을 인정한다면 우리는 겸손히 기도할 수 있다. 함께 손을 붙들고 격려할 수 있다.

심방을 끝내고 돌아오는 길에 차 안에서 권사님께 여쭤봤다.

"권사님, 그런데 그 기도는 어떻게 마무리하셨어요?"

"하나님께서 맛을 내주세요."

기도 덕분인지, 우리는 그날 실제로 국수를 맛있게 먹었다. 정말 하나님이 맛을 내셨나 보다. 교회는 이런 은혜가 존재하는 곳이다.

사실 나는 국수를 좋아하지 않는다. 초등학교 3학년 때 아버지가 교회를 개척하시고 나서부터 국수를 너무 많이 먹어서 그런지 냄새조차 싫어한다. 하지만 수요일에 함께 전도하고 먹는 국수는 정말 맛있다. 특별한 비법이 있겠는가? 하나님 앞에 간절한 마음으로 기도하고 봉사하는 분들에게 은혜를 부어 주셔서 하나님이 맛을 내시는 것이다. 은혜로 받으면 모든 것이 감사하고 기쁜 것이다.

우리가 섬기는 모든 부서에 하나님이 내 주시는 맛이 있기를 축복한다. 멸치국물을 우려낸 국물맛보다 훨씬 더 깊고 신비로운 맛이 있기를 기도한다. 우리는 하나님 은혜로 숨쉬며 살아가는 자들이다.

자신을 가꾸어 간다는 것

"목사님, 오늘 설교 말씀 정말 감동이었어요. 감사합니다. 와 닿았어요."

지난 주일 오전 예배가 끝난 후, 점심을 먹으러 식당으로 내려가는데 정수기 앞에서 민성 형제를 만났다. 말을 건네 오는 표정이 아주 밝다.

'민성이에게도 말씀이 임하는구나!'

순간적으로 생각하면서 기뻐했다. 나도 반갑게 악수를 청했는데 다시 이런 이야기를 덧붙인다.

"오늘 설교 말씀은 우리 엄마에게 꼭 필요한 말씀이었습니다. 자녀를 기다려 주라는 말씀, 닦달하지 말라는 말씀이요."

민성이의 의도를 알고 오랜만에 크게 웃었다. 요즘 민성이가 어머니에게 닦달을 당하나 보다. 민성 형제는 이런 식으로 유쾌한 웃음을 주는 친구다.

설교를 들을 때, 사실 이런 현상들이 많이 일어난다. 하나님의 말씀을 들을 때 그리고 성경을 읽을 때 가장 기본적으로 나에게 주시는 말씀으로 읽고 들어야 하는데, 이 말씀을 다른 이들에게 적용시키며 다른 이들이 듣고 변화되기를 바라는 마음이 우리에게 종종 있다.

그러다 보니 우리는 스스로가 개혁의 대상임을 알지 못하고, 개혁의 주체가 되어 대상이라 여기는 자 앞에서 늘 칼을 뽑아 들고 서 있다. 하나님의 말씀은 우리를 성찰하게 하고 새롭게 하며 묵은 것을 갈아엎는 능력이 있다. 하지만 우리는 우리 자신보다 오히려 다른 사람을 갈아엎으려 한다. 나부터도 그렇다.

'하연이에게'라는 노랫말에 이런 내용이 나온다.

~비교하기보다는 나 자신을 가꿔 가고,
우리를 사랑하신 그분을 믿으며 내 안에 숨겨진 큰 비밀을 발견하고,
그 소중한 꿈 안에 내 삶을 이루며~

다른 이에게 집중하는 습관들은 비교하는 쪽으로 번져간다. 자신을 돌아보는 것에 비중을 더 많이 두면 좋겠는데, 다른 사람을 인식하고 비교하다 보니 우리는 늘 피곤할 수밖에 없다.

사울이 자기 자신을 다윗과 비교한 순간부터 그의 인생은 무척 불행해졌다. 사울은 왕이다. 스스로 가진 장점이 많은 위치였다. 그 장점에 주목했다면 더 놀라운 일을 했을 것이다. 하지만 다윗을 죽이려고 그

남은 인생을 다 바치다가 비참하게 인생을 마무리했다. 사울이 자신에게 허락하신 은사와 직분에 집중했다면 아름다운 모습으로 다윗에게 왕위를 물려주고, 본인도 존경 받으면서 이스라엘 공동체 안에 율법의 풍성함을 깊이 심는 역할을 했을 것이다. 하지만 시기와 질투를 조절하지 못해서 불행한 삶을 살다 죽었다.

비교하지 말고 간섭하지 말 것이며 소문내지 말 일이다. 자기 내면세계의 정원을 돌보고 이미 우리에게 허락하신 아름다운 것들을 잘 가꾸어 나가면 좋겠다.

승범이와 유성이

지난 화요일 밤 이옥례 권사님께서 하나님의 부르심을 받았다. 불과 몇 개월 전, 심방을 받으셨는데! 우리와 함께 예배를 드리던 권사님께서 이제 더 이상 우리와 함께 기도하거나 예배를 드리거나 대화를 나눌 수 없게 된 것이다.

심방 때였다. 2012년 11월에 자부를 암으로 보내시면서 겪어야 했던 아픈 상황들을 듣게 되었다. 아내와 엄마를 떠나보내고 슬퍼했던 가족들을 생각하면서 안타까운 마음을 가지고 계셨는데, 권사님은 그것보다 자식들이 예수를 믿지 않는 것에 더 안타까워하셨던 것으로 기억한다. 그 마음이 기도를 통해 항상 묻어 나왔는데, 끝내 권사님도 암으로 고통스러운 숨을 연장하시다가 부르심을 받으셨다.

할머니가 해 주신 밥을 먹고 컸던 승범이(고1)와 유성이(초3). 엄마를 먼저 떠나보낸 아이들에게 할머니는 엄마의 사랑을 대신하던 품이었을 것이다. 그래서인지 입관식을 진행하면서 유성이는 '꺼억꺼억' 눈물을 참지 못하고 계속 울었다. 승범이는 절제하면서도 가끔 눈물을 훔쳤다.

수요일에 입관 예배를 드리고 난 후, 아드님 되시는 송재의 형제님께서 발인까지만 지켜봐 주시고, 장지가 정읍이라 너무 멀어서 안 오셔도 된다고 말씀하셨다. 순간적으로 고민을 좀 했다. 금요일에는 청년부 수련회에 가서 특강을 하고 와야 하고, 금요기도회와 주일 설교 준비도 전혀 되어 있지 않아서 부담이 좀 있었다.

"그래도 다녀와야 하지 않을까요?"

고민하고 있는데, 신근식 장로님이 제안해 주셨고 또 함께 참여하고자 하는 성도들도 계셔서 교회 승합차 한 대로 다녀오기로 결정을 내렸다. 비가 추적추적 내리는 목요일, 성도들과 함께 정읍에 가서 하관 예배를 드리고 유가족을 위로하고 왔다.

안양 장례식장에서 예배드리고 난 후, 권사님과 평소에 함께 기도하며 친하게 지내던 어르신들이 가족들을 안고 울며 예수 믿기를 권면하는 모습은 굉장히 귀하고 아름다웠다. 이옥례 권사님, 그 눈물의 기도를 이어받은 우리 교회가 자녀들의 삶에 풍성한 복을 가져오도록 함께 권면하고 축복하고 사랑을 나누었으면 좋겠다.

아무도 대신할 수 없는 아내의 자리, 어머니의 자리, 엄마의 자리, 할머니의 자리. 그 빈 공간이 예수님의 사랑으로 채워지고 또 채워지기를 기도한다.

119보다 목사

금요일 오전에 설교 준비를 하는 중에 이덕순 권사님께 전화가 왔다. 다급한 소리로 박덕성 집사님께서 어지러워 주체를 못하시는데 응급실로 데려가 달라고 하셨다. 깜짝 놀라서 차 시동을 걸고 최대한 속도를 낼 수 있는 만큼 골목길을 달렸다. '제일식당' 앞에 도착해서 들어갔더니 식당 마룻바닥에 집사님께서 쓰러져 계셨다.

한 번도 그런 모습을 본 적이 없었다. 밥 먹으러 가면 늘 씩씩하고 당차게 '할렐루야'를 외치면서 반갑게 맞이하던 집사님이시다. 밥을 먹고 있으면 '오셨어요?' 하시면서 신발을 가지런히 정리하시던 모습이 익숙한 그곳에서, 건장한 집사님이 마룻바닥에 누워 계신 장면을 보니 마음이 더 다급해졌다. 부축해서 차에 태워 드리고 별 일 없게 해 달라는 간절한 기도와 함께 밟고 또 밟아서 응급실로 갔다.

다행히 사람들이 많지 않아 바로 접수하고 진찰을 받을 수 있었다.

지난 주일에도 어지러워 응급실에 다녀오셨다는 말씀을 들으면서 걱정이 많이 되었다. 30분쯤 후에 박수진 집사님이 도착하셔서 조금 대화를 나누다 돌아왔다.

'왜 119를 안 부르셨을까?', 교회에 와서야 이런 생각을 해보게 되었다. '당황하셔서 그러셨겠지'라고만 생각했다. 오후에 박수진 집사님에게 이런 문자가 왔다.

"목사님! 아빠한테 왜 119를 부르지 않으셨냐고 여쭤보니, '보호자'가 없어서라고 하시더라고요. 자식들에게 연락이 안 될 때, 그 자식보다 어린 담임목사님을 보호자로 의지하시는 부모님을 뵈며 목사님의 권위를 다시금 깨닫게 됩니다. 한 통의 전화에 금세 내려오셔서 응급실까지, 작은 신음소리에도 응답하시는 하나님의 마음도 봅니다. '제일소망교회'는 제게 참 귀합니다. 친정과 같은 교회, 또 따뜻한 목사님이 계신 곳, 늘 감사드립니다! 중보해 주시는 성도님들의 고운 마음들도 감사합니다."

박덕성 집사님은 참 순수하시다. 부족한 사람을 목사로 늘 예우해 주시고, 자신의 솔직한 마음을 나누신다. 급할 때 찾으신 그 마음에 대해서 사실 그렇게까지 생각하지 못했다. '보호자'로까지 생각하셨다니 한편으로는 송구하기도 하고 한편으로는 감사하기도 하다.

요즘 마음이 복잡해서 여러 고민과 아픔을 삭이던 중이었다. 집사님 문자를 받고 내가 더 힘을 내어야겠다는 생각을 하게 된다. 순박하고 사랑과 정이 넘치는 교회에 와서 사역하게 되어 감사하다. 그래서 더욱 성도들을 사랑하고 그들의 아픔과 형편에 관심을 가지며 더 구체적으로 기도하고 사랑을 나누리라 다짐해 본다.

가장 힘들고 아픈 순간에 생각나는 목사가 된다면, 그래도 나중에 내가 하나님 앞에 가서 목회하다 왔다고 자신 있게 이야기할 수 있지 않을까 생각한다. 부족한 점이 많지만 그래도 늘 성도들 곁에 있고 따뜻하고 정과 사랑을 나눌 수 있는 목사, 허심탄회하고 솔직하게 고민을 나눌 수 있는 목사면 좋겠다.

부교역자 때는 '제일식당'에서 밥을 많이 먹었는데 요즘엔 이런저런 일로 많이 찾아가지 못해 늘 죄송한 마음을 가지고 있었다. 그래도 오늘 병원 모시고 가서 내 할 일 조금 한 것 같아 빚진 마음이 위로를 받는다. 늘 건강하게 '할렐루야'를 외치면서 꿈을 펼쳐 가시는 집사님 되기를 기도한다.

성도의 사업장

성도들이 사업을 새로 시작한다고 할 때는 반가운 마음과 걱정하는 마음이 동시에 든다. 사업이라는 것이 워낙 변수가 많기 때문이다. 재무 구조, 시장 동향, 함께 일하는 사람들과의 조화, 인테리어 디자인, 음식의 맛과 분위기 등 여러 고려해야 할 상황이 많다. 그런 생각들을 하면 은근히 걱정이 되어서 기도의 자리로 간다.

사업이 잘된다는 소식이 들려올 때는 마치 내가 돈을 버는 것처럼 기분이 좋아지고, 반대로 일감이 없거나 손님이 없다는 이야기를 들을 때는 나도 모르게 한숨이 나오고 답답해진다. 내가 할 수 있는 일은 하나님께 그 상황을 말씀드리고 도와주심을 바라는 것, 그리고 가급적 성도의 사업장에서 음식을 사 먹거나 물건을 사는 것이 전부다.

가끔씩 돈을 받지 않으려고 하시는 분들도 계신다. 그때마다 조금 강한 사람으로 돌변해서 값을 계산한다. 목사라고 대접만 받는 것이 아니라, 힘들게 장사하는 분들에게 조금이라도 도움이 되기를 바라는 마음에서다. 메뉴, 위치, 상황, 시간 등등의 이유로 멀리 있는 사업장에는 잘 방문하지 못하는 경우도 많다. 하지만 어디 심방을 다녀오거나 차로 이동할 때 지나치다 보면 짧게라도 기도하면서 지나가게 된다.

최근에 매출이 많이 감소한 가게가 있다고 해서 새벽에 교역자들과 함께 운동을 하고 나서 간단히 아침을 먹으러 갔다. 며칠 지나자 들리는 소문이 내가 다녀가고 난 이후에 많은 손님들이 왔다고 한다.

물론 늘 그런 것은 아닐 것이다. 하나님이 그날 특별히 봐주신 것일지도 모르겠다. 낙심한 마음에 위로를 주시려고 그런 일이 일어났다고 생각한다. 목사는 특별히 신령한 사람이 아니다. 그저 예수님의 마음을 품고 정직하게 승부하라고 이야기하면서 격려할 뿐이다.

며칠 전에는 정신적인 문제로 고통 받는 청소년들을 상담하고, 연예계 진출을 준비하는 학생들을 가르치는 청년들과 만나서 저녁을 먹고 오랜 시간 대화를 나누었다. 나중에 내가 그 아이들 명단을 좀 달라고 했다. 그 아이들에게는 연기 지도도 필요하지만 고민을 나눌 수 있는 삶의 교사가 더 필요하다는 생각이 든다. 그 아이들의 이름을 부르면서 새벽에 기도할 생각이다.

이래저래 기도제목이 늘어간다. 성도들의 단순한 기도제목을 가지고 출발하지만 그 범위와 지경이 더 확장되고 깊어져서 하나님의 역사를 더 깊이 경험하는 데까지 나아가고, 우리가 구하거나 생각한 것 이상으로 능히 넘치도록 부어 주시는 은혜가 있기를 기대한다.

따뜻함을 담다

목요일부터 비가 와서 그런지 바람도 불고 제법 쌀쌀해졌다. 얼마 전까지 아이스커피를 찾았는데 이제 뜨거운 커피를 마셔야 하는 계절에 와 있다.

몇 주 전에 신원자, 이영남 권사님이 목양실에 있는 찻잔을 정리하셨다. 남겨 둘 것과 버릴 것을 구분하는 일이었다. 내가 이런 부분에 워낙 관심이 없어서 손님들이 오셔도 가끔은 종이컵에 드리기도 하고, 옛날 찻잔을 이용해서 커피를 타 드리기도 했다. 그중에는 짝이 맞지 않는 것도 있고 너무 오래되어 상한 것도 있어서 그런 것들을 정리하셨다.

권사회에서 새로운 찻잔을 사신다고 하셔서 '그냥 있는 것으로 마시죠, 뭐~' 그랬는데, 신원자 권사님 말씀으로는 좋은 찻잔은 따뜻함이 오래간다고 한다. 별 기대를 하지 않고 있다가 새로 사 온 찻잔을 보니 디자인이 깔끔한 것이 마음에 들었다. '역시 센스 있으시네!' 생각하면서 잘 보관해 두고 있다.

나는 책상에 앉아 있는 시간이 많을 때면 커피를 주로 마신다. 집중력을 위한 나름의 방식이기도 하고 워낙 커피를 좋아하기 때문이다. 며칠 전 목양실을 찾은 새로운 찻잔에 한 번 마셔볼까 하는 생각에 커피를 타서 마셨더니 확실히 맛이 있었다. 이래서 사람들이 예쁘고 좋은 찻잔을 찾는다 생각했다.

목양실에 손님들이 종종 오신다. 요즘에는 권사회에서 구입한 찻잔으로 커피나 다른 차를 타서 대접하고 있다. 누구든지, 언제든지, 목양실로 놀러 오시길! 깔끔한 찻잔으로 커피를 대접해 드릴 수 있다. 가끔 집사님들이 사 오신 커피도 있고, 한성현 목사님이 내려 주시는 더치커피와 여전히 대중의 사랑을 한몸에 받고 있는 '믹스커피'까지 두루 갖추고 있다. 오셔서 읽고 싶은 책이 보이면 빌려 가도 좋다.

살아 있다는 것은 내 슬픔보다 더 큰 슬픔을 만나는 일이다.

_ 칼럼니스트 이명수의 '그래야 사람이다' 중에서

이번 화요일에 김옥란 권사님이 하나님의 부르심을 받았다. 최근까지도 함께 예배드리며 손을 맞잡은 터라 슬픔이 몰려왔다. 명절 전에 장사하시는 노점에 가 봐야겠다고 생각했는데 그날 가 뵙지 못해서 더 아쉽고 죄송한 마음이 들었다.

매달 나오는 전도지에 '사랑할 시간이 얼마 남지 않았습니다'라는 문구를 넣었는데, 이번 10월호부터 표지 사진을 우리 교회가 선택할 수 있다고 하여 유현석 강도사님과 아들 준이 사진을 넣었다. 보기만 해도 따뜻한 마음이 전해진다. 슬픔을 많이 만날 수밖에 없는 우리네 삶이지만 그래도 서로에게 따뜻함이 되어 준다면 좋겠다. 활자 가운데 '따뜻함을 담아' 드린다.

우리 목사님이 자랑스러워서!

지난 화요일 저녁에 평소 가까이 지내는 목사님이 식사를 대접해 주셨다. 문을 연 지 얼마 되지 않은 음식점이었는데 그곳에서 우리 교회 집사님을 만났다. 집사님은 동네 주민들과 약속을 잡고 식사하러 오신 것이었다. 우리가 먼저 식사를 마치고 음식점을 나서기 전, 집사님과 동네 주민들이 계신 자리로 찾아가서 먼저 가보겠다고 인사를 드렸다. 그때 집사님께서는 주변 분들에게 '우리 교회 목사님'이라고 소개했다. 나도 정중하게 인사를 드리고 나왔다.

그 다음 목요일 점심에 옛 제자였던 청년을 만나 아내와 함께 점심을 먹었다. 동일한 음식점에 갔는데 화요일에 뵈었던 집사님을 또 만났다. 이번에는 집사님이 먼저 와 계셨기에 내가 대화를 나누는 동안 먼저 일어나 나가셨다. 집사님이 계산대 앞으로 가실 때 나가서 집사님께 인사를 드렸다. 집사님은 동행하셨던 분과 계산대 앞의 음식점 사장님에게 '우리 교회 목사님'이라고 나를 또 소개하셨다.

그 후로 한 시간쯤 지났을까, 문자가 하나 들어왔다.

"목사님, 제가 목사님 민망하게 한 것 같아 죄송해요. 저는 우리 목사님이 자랑스러워서 어디서 만나든지 자랑하고 소개하고 싶거든요. 근데 제가 실수한 것 같아서 죄송해요."

집사님 마음을 알았기 때문에 전화를 드려서 일행에게 소개해 주셔서 내가 오히려 감사했다고 말씀드렸다.

예전에 청년부를 담당하던 부교역자 시절까지만 해도 '목사'라는 호칭이 부담되고 불편했다. 그만큼 기독교의 사회적 이미지가 좋지 않았기 때문이다. '개독교'니 '먹사'니 하는 따가운 눈총을 받기가 두려웠던 게 사실이다. 그래서 청년들과 외부에서 만날 일이 있으면 목사라 부르지 말고, '오빠'로 부르라고 하기도 했다.

하지만 최근에는 생각이 좀 바뀌었다. 나 스스로 오히려 목사라는 사실을 당당하게 드러낸다. 길에서 전도할 때에도 '제일소망교회 목사입니다' 하면서 전도지를 건넨다. 동네 주민들 가운데 몸이 불편하신 분들 집을 방문할 때도 목사라고 이야기하면서 들어가서 성경도 읽어 드리고 기도도 해 드린다.

지난 수요일 오전에 성경강해 시간에 '아리마대 사람 요셉'의 헌신에 대하여 나누었다. 그도 예수의 제자였지만 유대인들을 두려워하여 '숨어 있다가' 예수님이 돌아가신 후에 빌라도에게 가서 '담대하게' 시신을 요구한 장면이 너무 통쾌하고 멋있었다.

세상 사람들이 지적하고 꼬집는 일그러지고 뒤틀린 모습은 기독교의 극히 일부분일 뿐이다. 우리가 평소에 그리스도인임을 당당하게 밝히고, 예수의 제자로 살아가면서 복음을 전하고, 더 성실하고 정직한 삶을 살아감으로써 기독교의 진면모를 보여 주는 것이 중요하다고 생각한다.

나 스스로 보기에도 부족한 사람을 동네 주민들에게 '우리 목사님'이라고 소개하고 자랑하던 집사님의 모습이 떠올라 다시 한 번 감사한 마음이 든다. 부담도 되고 책임감도 더 느낄 수밖에 없지만, 그것이 나를 부르신 이유라 생각한다. 우리도 주변 사람들에게 늘 예수님을 자랑하고 예수님을 소개하고 예수님께로 인도하면 좋겠다.

요즘 성도들과 함께 전도 대상자 명단을 적어 놓고 기도하고 있다. 새벽과 밤에 기도하는 그 시간이 풍성하고 아름답다. '목동생각' 제목을 적어 놓고 보니 민망하다. 하지만 적당한 제목이 떠오르지 않아서 그냥 민망한 채로 남겨 두기로 한다.

드라마예배 '천로역정'

기태 형제가 이번 드라마예배를 '천로역정'으로 하겠다고 한다. 시나리오를 넘겨받았을 때 기대하는 마음과 걱정하는 마음이 동시에 들었다. 고전을 고른 안목에 감사했지만, '고전의 깊은 내용을 어떻게 소화하려나?' 우려도 있었다. 편하게 생각하기로 했다. 설령 망친다(?) 하더라도 고전을 시도하다 '고전'한 것이니 위안을 삼아도 되지 않겠는가!

한마디로 기우였다. 드라마 팀원들은 시나리오를 멋지게 소화했다. 책으로 읽었을 때 느낀 것과는 또 다른 감흥이 몰려왔다. 연출과 연기, 자막과 도구, 의상, 조명, 소품 모든 것이 최적화되어 있었고, 자신들의 역할을 분명히 인지하고 있었다는 점이 놀랍고 고마웠다.

무대 위 연기자들 간의 호흡도 좋았지만, 청중과의 공감대 형성이 이루어지고 있음을 직감할 수 있다. 나는 무대와 제일 가까운 자리에서 관전했지만, 등 뒤로 성도들의 한숨, 탄식, 웃음소리 등이 결합된 열기를 느끼고 있었다. 나도 그 열기에 참여하고 있었기 때문에 두말할 필요도 없었다.

하나님나라로 들어가는 여정이 절절하게 그려졌다. 그 가운데 만나는 수많은 변수와 장애물, 좁은 길을 통과해서 가야 하는 어려움, 그래도 믿고 나아가는 믿음을 파멸시키고자 하는 모든 걸림돌을 대할 때, 그것은 더 이상 책 속의 고전이 아니라 우리 삶의 이야기였다.

누군가에게는 대본을 달달 외운 암송 능력이나 연기 실력이었지만, 또 누군가에게는 자신만의 신앙 여정이었으리라. 그래서 더욱 감동이 밀려왔다. 공감하지만 쉽게 털어놓지 못한 내용들. 인식하고 있지만 바쁘다는 핑계로 그냥 넘어가던 내용들을 드라마를 통해 다시 드러내어 일깨워 주었다.

난해한 신학적 뒤엉킴을 한 단어와 몸짓으로 관통해 내는 짜릿함이란 바로 이런 것이다. 며칠이 지나도 묘한 여운이 남는다. 무엇보다 두 달 동안 고생한 드라마팀 팀원들이 그 은혜를 가장 먼저 받아 누렸을 것이라 생각한다. 대사를 이해해 가며 암송하고 서로 맞춰 보고 연습하는 모든 과정을 통해서 고전의 내용을 온몸으로 체득했으리라! 그래서 더 감사했다.

연습과 훈련의 귀한 열매를 우리에게 나눠주어서 고마웠다. 우리 성도들과 함께 그 은혜를 상기할 수 있어서 감사했다. '국두심'을 연기한 국유숙 집사님을 포함해서 새로운 연기자들의 발굴이 반가웠다. 전문

배우들 못지않게 몇 개의 역할을 자연스럽게 소화해 내는 내공에 감탄했다. 무대 위에 드러나 보이지 않았지만, 조명과 자막 담당자들, 송하은 자매의 디자인, 이 모든 것을 하나의 작품으로 연결시키고 담아낸 기태 형제 등 모두의 수고가 참으로 귀했다.

우주 만물의 연출자이자 총감독, 배우들의 고집스러운 삶과 연기에 지칠 법도 하지만 이 모든 것을 하나로 녹여내고 풀어내고 당신의 나라로 세워 나가시는 우리 하늘 아버지시다. 우주라는 무대 위에서 대놓고 도와주시고, 은근히 도와주시고, 큰 손으로 함께하시고, 작고 섬세한 손으로 함께하시는 그분이 우리 아버지여서 좋다.

새로운 변화의 기로에서

언제부터인가 '레헴'에서 빵을 사 먹은 이후 다른 빵은 먹지 않게 되었다. 워낙 건강식 재료로 만든 빵이라 값은 조금 비싸지만 소화도 잘되고 체질 개선에도 도움이 되었다. 특히 조성수 대표의 빵 만드는 철학이 마음에 들었다. 자신과 같이 아토피 등 건강 문제로 고민하는 분들에게 마음놓고 드시라고 권면할 수 있는 빵을 만들고 싶다는 바람을 갖고 있다. 훗날 노인이 되어서도 손자들이 마음놓고 먹을 수 있는 빵을 만드는 것이 목적이기 때문에 신뢰할 수 있다. 덕분에 병원 환자로 있는 성도나 어르신들을 찾아뵐 때 마음놓고 '레헴' 빵을 선물하기도 한다. 가끔씩 내려 주는 더치커피도 일품이다.

이번 '새 가족 환영회' 때 드리기 위해서 레헴에 빵을 주문해 놓았는데 며칠 전 아침에 전화가 왔다. 목사님과의 약속을 지킬 수 없을 것 같다고 하면서 울었다. 지난 주일 밤 텔레비전 방송 프로그램인 '먹거리

X파일'에 '레헴' 빵가게가 소개된 후, 폭발적인 주문과 예약이 밀려들어 잠을 한 시간밖에 잘 수 없다고 했다. 밀려오는 주문과 확인도 안 하고 입금부터 하는 사람들 때문에 정신없는 시간들을 보내고 있다는 것이다. 며칠 동안 얼마나 시달리고 힘들면 눈물을 다 흘릴까. 매장을 정리하고 빵 만드는 공장을 다시 차려서 예전처럼 단골과 목사님 같은 분들에게 빵을 공급하고 싶다고 했다. 괜찮으니까 너무 무리하지 말고, 건강 조심하라고 권면하고 전화를 끊었다.

참 순수한 사람이다. 그는 돈을 벌기 위해 장사하는 것이 아니라 사람들의 건강을 위해 빵을 만들어 왔다. 오랜 시간이 걸려도 24~72시간 동안의 저온숙성 방식을 고수하고, 반죽하는 과정부터 빵을 자기 자식처럼 다룬다. 건강한 재료를 엄선해 정성을 들이고 사람들의 입맛과 식감까지 고려한다.

방송이 나오기 전, 언젠가 자신의 멘토 제빵사가 들려준 이야기를 나에게 들려준 적이 있다. 주문량이 많아질 때 둘 중 하나를 선택해야 한다는 것이다.

'사업을 확장시켜 돈을 더 많이 벌 것인가?'

'자신이 만들 수 있는 만큼만 만들어 처음 빵을 만들던 초심의 철학을 붙들 것인가?'

자신은 후자를 선택하고 싶다고 했다. 본인이 처음에 가졌던 생각과 가치를 끝까지 붙들고 싶다는 것이다. 참 쉽지 않은 일이다. 눈앞에 성공과 명예와 인기와 돈이 있는데, 그것을 내려놓고 본질적인 가치를 붙잡는 것은 결코 쉬운 일이 아니다.

오늘 이순영 전도사님이 은퇴하시는데, 나도 가끔 은퇴 이후의 삶에 대해 생각할 때가 있다.

'그때까지 어떤 가치를 붙들고 사역할 것인가?'

'무엇을 우선순위에 둘 것인가?'

'확장이 목적인가, 나눔이 목적인가?'

'끝까지 붙들고 지켜야 할 나의 가치는 무엇인가?'

여러 생각이 교차하는 연말이다.

이순영 전도사님은 정직하고 순수한 분이다. 한참 어린 목사를 '모시느라' 고생을 많이 하셨다. 성도들의 제반 문제들을 들어주시느라 편안한 날이 없었을 것이다. 그럼에도 끝까지 감당해 주셔서 감사하다. 은퇴가 새로운 변화와 도전의 시간이 되기를, 앞으로의 모든 여정 가운데 하나님의 인도하심이 넘치기를 기도한다.

늘 변화의 기로에 서 있는 성도들 역시 하나님이 주신 폭포수와 같은 말씀을 붙잡기를, 가끔은 넘어질 때도 있지만 다시 용기를 내어 본질과 선한 가치를 붙들 수 있기를 기도한다.

교회를 옮기는 문제에 관하여

성도가 교회를 옮길 때, 목사의 마음은 과한 통증과 쓰라림 속에 울부짖는다. 신체의 일부가 떨어져 나가는 것 같은 고통을 느낀다. 인생은 만남과 이별의 연속이라는 말을 담임목사가 되고 실감한다.

"임 목사님은 우리가 교회 옮겨도 그냥 놔두시고 멀리서 지켜보실 것이라고 생각들을 하세요."

지난주에 한 성도님과 통화하는 가운데 조심스럽게 일부 성도들의 생각을 전달해 주셨다. 설교를 듣고 그런 판단을 내리신 모양이다.

사실, 지난 3년간 교회를 옮기는 분들 때문에 얼마나 힘들었는지 모른다. 심적 부담과 고통을 지면에 글로 다 표현할 수 없을 정도다. 더군다나 교회에 대한 비방이나 목사에 대한 비방을 듣는 경우에는 더욱 그러하다. 그리고 교회를 옮겨서도 그런 이야기들이 들려온다면 더 큰 상처가 된다.

교회를 옮기려는 분들을 개인적으로 찾아가거나 때로는 휴대전화를 붙들고 오랜 시간 대화를 나누기도 한다. 하지만 이미 결심을 굳힌 상태에서는, 그리고 이미 마음이 떠난 상태에서는 무용지물이다. 바울의 심정이 내 속에서 그대로 재현되고 있다.

모욕을 당한 즉 축복하고 박해를 받은 즉 참고 비방을 받은 즉 권면하니 우리가 지금까지 세상의 더러운 것과 만물의 찌꺼기 같이 되었도다

_ 고린도전서 4:10-13

작년 교회를 옮기신 분들에게 1월 첫째 주일 전날 밤에 일일이 전화를 돌려서 기도해 드렸다. 평안이 찾아왔고 마음이 정리되었다. 목회의 여정, 아직 가야 할 길이 멀기 때문에 하나님이 긍휼을 베풀어 주신 것이리라.

우리 교회도 다른 교회에서 오신 분들이 많다. 그분들을 보면 가끔 떠난 분들이 생각난다. 절묘하게 그 빈자리들을 메워 주시는 모습을 보면 감사하기도 하고 신기하기도 하다. 우리 교회를 떠나신 분들이 잘 적응하는 기간이 필요하듯 우리 교회로 새로 오시는 분들도 잘 적응할 수 있도록 돕는 것이 목자의 마음이다.

열왕기상 3장 26절 말씀에, 서로 자기 아이라고 우기던 자들 앞에서 칼로 아이를 쪼개 둘로 나눠주라고 했을 때 아이 엄마가 '마음이 불붙

는 것 같아서' 자신의 권리를 양도한 것을 최근에 깊이 묵상하게 되었다. 평생 내가 가져야 할 마음이 아닌가 한다. 마음은 아프지만 그것까지 내려놓을 때 판결이 내려질 것이다. 일단 생명을 살려 놓고 봐야 할 것이 아닌가!

봉사의 기쁨

심방 가서 대화를 나누는 중에 우리 교회의 주일 점심밥이 최고라는 이야기를 들었다. 다른 지방에서도 몇몇 교회를 다녀봤지만 우리 교회만큼 밥맛 좋은 곳이 없다는 것이다. 그 부분은 나도 인정한다. 내가 2009년 12월에 '제일소망교회'를 사임하고 1년 동안 사역하지 않고 지낼 때 가장 많이 생각났던 것이 1부 노숙인 예배 후에 먹는 아침식사였다. 국과 소박한 반찬 한두 가지에 눌은밥이 메뉴의 전부지만 항상 맛있게 먹었다. 주일 아침만 되면 밥 냄새가 기억을 타고 스멀스멀 올라올 정도다.

주일 점심식사를 준비하기 위해서는 많은 손길이 필요하다. 누군가 장을 봐야 하고 토요일에 모여 요리할 재료들을 다듬고 준비하는 시간도 필요하다. 주일 새벽부터 밥과 국과 반찬을 만드는 일은 보통 정성과 섬김이 없이는 불가능하다. 그런 면에서 늘 애써 주시는 지역장님들, 구역장님들, 구역식구들에게 감사를 드린다. 또한 남자 성도들도 앞치마를 두르고 정기적으로 설거지와 뒷정리를 담당해 주신다. 이분들의 노고와 여성 성도들의 손맛이 담긴 정성이 향연을 이루어 공동체 식구들이 기쁨으로 음식을 나눈다.

물론 이 일이 쉽지 않다. 부담도 되고 체력적으로도 많은 어려움이 따르는 일이다. 예수님이 심방 오셨을 때, 마르다가 음식을 준비하다가 마음이 분주해져서 원망했던 것처럼 얼마든지 일하면서 불평과 원망이 나올 수 있는 자리다. 짜증이 나는 이유는 일이 힘들어서보다 다른 사람이 같이 해 주지 않아서다. 특히, '나올 만한 사람', '나와야 하는 사람'이 나오지 않으면 '불평 지수'가 상승한다.

'나는 주방에서 일하는데 내 동생은 예수님 앞에 앉아 말씀을 듣고 있는 상황'은 일상 가운데 만연하다. 명절 때에도 누구는 일하는데 누구는 TV앞에서 수다를 떠는 상황이 있다. 우리 지역은 일할 사람이 별로 없는데 다른 지역은 많아 보이는 상황이라면 공평해 보이지 않는 상황이 감정을 불편하게 만든다.

"내 동생에게 명해서 나를 좀 도와주라고 해 주세요."

설교를 끊고, 마르다는 불평을 쏟아 놓는다. 예수님 입장에서는 자기 앞에 앉아 말씀을 듣고 있는 마리아도 귀하고, 자신을 위해 음식을 준비하는 마르다도 귀하지 않을까?

어느 가정이든 어느 공동체든 어느 나라든 묵묵히 희생하고 두세 사람 몫을 감당하는 이들이 있어서 그나마 돌아간다. 예수님을 사랑하고 주님의 몸 된 교회를 사랑하기 때문에 시작한 섬김의 가치가 흐려지지 않도록, 거슬리는 사람들 때문에 봉사의 기쁨이 훼손되지 않도록, 우리 마음을 잘 다스리는 일이 중요하다는 생각을 해 본다.

사실은 설교도 밥을 준비하는 일과 여러모로 비슷하다. 장을 보고 재료를 씻고 다듬고 양념을 준비한다. 우려내고 간을 보고 식감과 맛을 고려하고 무엇보다 건강을 생각해야 한다. 맛있게 먹을지, 몇 명이나 먹을지, 생각하면 조마조마하다. 그래서 강단에 올라가기 전에는 마음이 어수선하고 무겁다. 예민해진다. 이 일 때문에 원망과 불평이 발생하지 않도록 조심할 일이다.

일상에서 만나는 부활

지난주 목요일 오전, 설교를 준비하고 있는 중에 사무실로 나를 찾는 전화가 걸려 왔다. 휴대전화가 꺼져 있어서 사무실로 전화해서 나를 찾으신 것이다. 급한 전화라는 생각이 들어 전화기를 켜고 연락을 드렸다.

차분하게 가라앉은 목소리를 타고, 충격적인 소식이 들려왔다(목사는 늘 마음의 준비를 하고 있어야 한다). 식구 중에 입원하신 분이 계신데, 초음파 검사를 하는 중에 간에 좋지 않은 모양이 발견되었다는 것이다. 의사 설명으로는 악성이고 다른 쪽에서 전이되어 온 것이 확실하며 암 말기라는 것이다. 몇 시간 후에 자세한 검사를 앞두고 있으니 기도해 달라고 말씀하셨다.

금세 마음이 무거워졌다. 내 마음이 큰 돌에 묶여 깊은 바다 속에 던져지는 것 같은 깊은 통증이 몰려왔다. 설교를 준비하다 말고 짜증을 좀 냈다.

"하나님, 정말 왜 그러십니까? 왜 그 가정에 이토록 시련을 주시는 겁니까? 남은 가족은 앞으로 어떻게 살라 그러시는 겁니까?"

무거운 마음을 안고 이미 죽음이라는 현실이 우리 안에 내재해 있다는 설교 원고를 작성하고 있었다. 오후 아주 늦은 시간, 부활은 인간의 고통과 죽음에 의미를 부여한다는 원고 작성을 마친 지 얼마 안 되어 다시 전화가 걸려 왔다. 나도 마음의 준비를 단단히 했다.

"목사님, 이런 걸 기적이라 해야 할지 모르겠습니다."

이번에는 오전과 전혀 다른 말씀을 전하셨다. 악성이 아닌 것 같다는 것이다. 다음날에는 기쁨의 확답이 주어졌다. MRI 촬영 결과, 간에 보이는 것이 누구에게나 흔히 있는 것이라고 의사가 설명했다고 한다. 앞선 다른 의사가 명백하게 오진한 것이다. 전화를 준 성도님은 고통스러운 탄식과 눈물이 하루 새에 안도와 기쁨으로 바뀌는 극과 극의 체험을 하셨다.

나도 덩달아 죽다 살아난 것 같은 감정의 기복이 있었다. 사랑하던 예수님의 끔찍한 십자가 죽음을 목격한 제자들의 마음이 이러했을까? 부활하셨다는 소식을 들으면서, 세마포가 얌전히 개켜 있는 빈 무덤을 보면서, 반신반의하는 제자들의 마음이 이러했을까? 해변에서 밤새 고기를 잡느라 지친 제자들을 위해 생선을 굽고 빵을 차려 놓고는 '와서 조반을 먹으라'고 하신 예수님의 음성을 들은 제자들의 마음이 이러했을까?

원수를 다 이기고 죽음과 지옥의 권세를 깨뜨리고 무덤에서 나와 성도들과 함께 길이 다스리시는 부활의 주님, 평범한 우리의 일상에도 관계 속에도 부활의 주님이 계시기 때문에 안전하고 든든하며 위로를 받는다. 십자가에서 이미 내가 죽었음을 떠올리고, 예수님과 함께 나도 '덩달아' 살아났음을 기억한다.

'기도의 거목'을 보내 드리며

지난 주일 오후, 사역을 마무리하고 이신덕 권사님이 계신 요양원을 방문했다. 작고 왜소한 몸에서 뿜어져 나오는 찬양의 열기가 전매특허인 분인데 그날따라 전혀 힘이 없으셨다.

"언제 또 와?"

"빨리 또 와!"

몇 주 전만 하더라도 찬양을 불러 드린 후에 가려고 인사드리면 무척 아쉬워하시며 재방문을 독촉하곤 하셨는데, 이번에는 어떤 말씀을 드려도 그냥 빤히 보고만 계셨다.

하루가 지난 월요일 새벽에 권사님은 하나님 곁으로 가셨다. 98세, 근현대사의 굴곡을 모두 경험하신 권사님이시다. 부교역자 시절에 차량 운행을 하면서 권사님과 대화를 나눌 기회가 꽤 많이 있었다. 1.4후퇴 당시 부산까지 피난 갔던 이야기며, 그곳에서 김창인 목사님을 만난 이야기, 피난민들과 교회를 세운 이야기, 손양원 목사님의 설교를 들은 이야기 등 권사님의 기억력은 거침없었다.

교회당 1층 조그만 방에서 성경 읽으시며 늘 기도하시던 모습이 떠오른다. 중보기도가 시작되면 두세 시간은 기본이었다. '제일소망교회'를 거쳐 간 교역자들의 이름을 거의 다 외우고 계셨고, 기도 시간이면 몇 백 명의 이름이 권사님의 입술을 통해 하늘로 올라갔다. 낮이나 밤이나 교육관 한쪽에서 무릎 꿇고 기도하셨던 경건의 모습은 아직도 선명하다. 타협 없는 인생, 거침없는 복음 전도. 열정적인 찬양 등 권사님의 생전 모습이 아직도 눈에 선명하게 남아 있다. 특히 목사님과 성도들과 아이들을 사랑하시는 마음이 초콜릿이나 음료수를 통해 표현되고 전달되기도 했다.

별을 길잡이 삼아 바닷길이든 육지길이든 맘껏 다녔던 낭만의 시대가 있었다. 옛 사람들은 별과 대화할 수 있었다. 지금 이 시대는 어떤 이성이나 가치도 우리의 길을 인도해 주지 않는다. 도시의 황홀한 불빛은 별빛을 가려 놓았다. 우리의 길을 인도하는 것은 별이 아니라 내비게이션이다. 기계적인 소설의 시대다. _ 시인 김응교의 '곁으로' 중에서

책 첫 부분에 나오는 내용이다. 도시의 화려한 조명과 대기오염이 별빛을 가려 놓은 시대, 매스껍고 정신없는 시대, 길이 보이지 않는 시대에 권사님은 믿음의 선명한 자국을 남기고 하나님 곁으로 가셨다.

장례식 마지막에 '히브리서 11장' 말씀을 함께 나누었다. 우리 인생이 100미터 경주도 아니요, 마라톤도 아니요, 이어달리기라고 비유했다. 믿음으로 분투했던 선진들의 바통을 이어 받아 권사님이 달려오시다가 이제 경주를 마치셨으니 우리가 그 바통을 이어받아 믿음의 길을 걸어가자는 설교였다. '기도의 거목' 이신덕 권사님을 보내 드리기가 몹시 안타까웠다. 이제 누가 기도의 거목이 될 것인가?

추모관에서 오랜만에 운규 형제의 사진을 보았다. 여전히 우리를 향해 웃고 있다.

"목사님, 지금 공항으로 갑니다. 잘 다녀오겠습니다."

2008년 1월이 조금 지난 어느 날 아침, 약간 상기된 그 목소리가 마지막이 될 줄이야! 미국에서 교환학생을 마치고 돌아오면 청년부 회장을 맡기리라 다짐했는데, 내 계획과 무관하게 운규 형제의 일정이 바뀌었다. 권사님께서 하나님 곁으로 가시는 날, 운규 형제가 제일 먼저 달려와 마중하지 않았을까!

공유하는 기쁨

목회의 기쁨 중 하나는 성도의 기쁨을 공유하는 것이다. 좋은 집으로 이사를 가거나 좋은 자동차를 사거나 집안에 경사가 생겼을 때, 마치 내 일처럼 기쁘다.

"목사님, 저 출산 했어요."

며칠 전 소영 자매에게 문자가 왔다. 예정일이 몇 주 더 남은 것으로 알고 있었는데 놀랍고 기쁜 마음에 전화를 걸었다. 예정일은 아직 안 되었지만 아이가 크고 마침 남편도 휴가여서 유도 분만 후 아이를 낳았다고 한다.

"가서 기도해 줘도 될까?"

"그럼요!"

다음날 바로 퇴원한다고 해서 물어봤더니 씩씩한 대답이 돌아왔다. 교복을 입을 때부터 봤는데, 어느덧 30대가 되어 아이를 낳았다는 사실, 같이 고등부와 청년부를 함께 보낸 이들이 함께 늙어간다는 현실이 아직은 낯설다.

'메르스' 이후에 병원에서는 방문객을 달가워하지 않는다. 보호자 외에는 아예 들어가지 못하도록 막는 경우도 있다. 눈치를 보면서 심방을 할 때도 있었다. 산모도 힘들고, 전염병이 도는 이런 상황에서는 심방이 예의가 아니라는 이야기들도 들려와서 최근에는 출산 심방을 가지 못했는데, 이번에는 출산일 바로 다음날 다녀왔다.

유모차를 끈 채 아이를 안고 업고 손을 잡고 예배에 참석하는 엄마들을 볼 때 내 아이를 보는 것처럼 흐뭇하다. 제법 배가 불러와서 아슬아슬해 보이는 걸음을 내딛는 임산부를 볼 때는 나도 배가 부르다.

취업이 되거나 장사가 잘되거나 좋은 집으로 이사하거나 새 자동차를 사신 분들을 보면 내가 덩달아 기쁘다. 전에 골목을 지날 때 아주 좋은 자동차가 지나가서 비켜선 적이 있는데, 우리 교회 집사님이 운전하고 계셨다.

"차를 바꾸셨어요?"

기쁜 마음에서 여쭤봤는데, 몸 둘 바를 몰라 하셨다. 아마 담임목사가 승합차를 타고 다녀서 그럴 것이다.

나는 성도들이 좋은 자동차를 사면 정말 기쁘다. 우리 성도들이 돈도 많이 벌고 사업도 잘되고 좋은 집도 사고 좋은 자동차도 많이 타고 다니기를 진심으로 바라고 있다. 그러니 내 걱정 마시고 당당하게 타고 다니셨으면 좋겠다.

병원에 입원했거나 간절한 기도제목이 있음에도 아직 이루어지지 않은 분들을 보면 마음이 무거워진다. 마치 내 기도가 부족해서 그런 것처럼 죄책감이 들기도 한다. 그래서 누가 말한 대로 목사와 사모는 항상 죄인인가 보다. 장로 요한의 마음을 이제 조금 알 것 같다.

사랑하는 자여 네 영혼이 잘됨 같이 네가 범사에 잘되고 강건하기를 내가 간구하노라 형제들이 와서 네게 있는 진리를 증언하되 네가 진리 안에서 행한다 하니 내가 심히 기뻐하노라 내가 내 자녀들이 진리 안에서 행한다 함을 듣는 것보다 더 기쁜 일이 없도다

_ 요한3서 1:2-4

A집사님에게

소식 들었습니다. 집사님 일하시는 사업장 주변에 경쟁업체가 들어왔는데 어떻게 하냐면서, 구역장님이 안타까운 마음으로 기도를 부탁하셨습니다. 다음날 저도 간판을 새로 내건 경쟁업체를 보면서 마음이 착잡해졌습니다.

목사의 마음이야 성도들이 건강하게 살아가고 자녀들이 잘되기를 바라며 사업을 시작하신 분들이 많은 이윤을 남기면서 신나게 일하는 것이겠지요. 그래서 늘 조마조마하답니다. 그런데 어떻게 기도를 해야 할지 고민이 좀 되더군요.

'새로 간판을 걸고 들어온 가게는 망하고, 우리 교회 집사님 가게는 잘되게 해 달라고 기도한다면 하나님은 정말 들어주실까?'

'혹시 그분에게도 뒤에서 기도하는 교회 목사님이 계시다면 하나님은 누구의 기도를 들어주셔야 할까?'

생각이 꼬리를 물고 이어졌습니다. 지나가면서 새로 생긴 가게에 손님이 많은지 적은지 여부를 먼저 살펴볼 것 같습니다. 집사님 가게를 지나칠 때마다 손님이 많은지 적은지 살펴보는 것처럼 말입니다. 마음은 이토록 복잡하고 소심한데 기도는 아주 '단순한 진리'로 할 때가 많습니다. 정직하고 행복하게 일하게 해 달라는 기도입니다. 저도 그냥 솔직하게 돈 많이 벌게 해 달라고 기도하고 싶은데 그게 잘 나오지 않습니다.

우리는 그냥 평안하게 살고 싶은데 세상은 우리를 가만 놔두지를 않네요. 변수에 대처해야 하고, 상수라고 생각했던 것이 변수가 되기도 하고, 사람들의 마음이 변하고, 입맛이 변하고, 기호가 변하고, 더 강력한 경쟁 상대가 늘 존재하지요. 경쟁을 이겨내면서 강해진다고 하지만 그 두려움을 충분히 짐작합니다.

요즘 자주 듣는 노래가 있습니다. '마이 웨이'입니다. 음악은 우리의 감정을 뒤흔들고 새롭게 하지요. 그 음악을 들으면서 다짐하는 것이 있습니다. '나답게' 걸어가자는 것입니다. 흉내내는 삶은 참 피곤한 것 같습니다. 그냥 내가 가는 길과 내가 가야만 하는 길에서 무엇인가를 찾고 싶고, 그 길을 가고 싶다는 생각을 해 봅니다.

그럼 누구나 친구가 될 수 있을 겁니다. 경쟁해서 밀어내야 할 상대가 아니라 함께 가는 친구 말입니다. 승자독식의 사회에서 한가한 소리인 것 같지만, 영원을 내다보고 가야 하는 길이기에 조금 더 여유를 가지고 손님 한 분 한 분 정성을 다해 섬기면 그곳이 바로 하나님나라겠지요. 응원합니다. 끝까지 환한 웃음 잃지 않으시기를 기도합니다.

강인순 할머니

"할머니, 꼭 예수 믿으셔야 해요."

"오늘 교회에서 목사님이 오시면 꼭 문을 열어 주셔야 합니다."

경남 진주에 사는 손자가 신신당부했다고 한다. 금요일 오후, 유선화 목사님이 '뚜레쥬르' 빵가게가 있는 건물 4층에 사시는 강인순 할머니 댁에 다녀왔다. 전남 나주가 고향인 할머니는 86세로 혼자 사신다고 한다. 아들은 서울에 살고 손자는 경남 진주에서 일을 하는데, 할머니에게 예수를 꼭 믿어야 한다고 최근에 계속 말씀을 드렸다는 것이다.

손자가 우리 교회 사무실로 전화를 걸어 할머니 댁 심방을 부탁했다. 어떻게 우리 교회 전화번호를 알게 되었는지는 모르겠다. 유 목사님이 심방을 다녀오신 후 할머니는 우리 교회에 출석하기로 하셨다. 아직 한 번도 뵌 적이 없는 분인데, 그 연세에 혼자 사시는 것이 얼마나 쓸쓸하고 외로울까 하는 생각이 드니 마음이 무거웠다. 혼자서 거동은

하시지만 이 동네에는 아는 분들이 없어서 바깥출입을 잘 안 한다고 하신다. 그래서 우리 교회 위치도 모르시기 때문에 처음 오실 때는 직접 모시러 가야 한다고 유 목사님이 말씀하신다.

골목길을 거닐 때나 운전하면서 동네 어르신들을 마주할 때면 겨울이라 그런지 더 쓸쓸하고 외로워 보인다. 자녀들은 자주 찾아오는지, 경제적인 어려움은 없는지, 무슨 낙으로 살아가시는지, 이리저리 생각해 본다.

혼자 밥 먹는 것이 건강에는 치명적이라 한다. 우울증에 걸릴 위험이 여섯 배 높고 근육이 무기력해지며 걸음이 느려진다는 조사 결과가 일본에서 나왔다. 고독사의 위험이 커지고 노인 문제가 시급해지고 있다. 곳곳에 요양원, 재가센터, 노인을 위한 병동이 많이 생기는 것을 보면 이제 우리에게도 현실이다.

교역자들과 저녁을 먹는 중, 한동원 전도사가 어르신들과 유치부 아이들을 1대1 또는 1대2로 결연을 맺어 성경 읽어 주는 계획을 넌지시 꺼낸다. 아이들에게도 좋은 일이지만 어르신들에게도 무척 반가운 일이 될 것이라는 생각이 들었다. 세부적으로 다듬어야 할 내용이 있겠지만, 우리 교회도 이제 노인 문제와 어르신들의 공동체를 생각하고 대비해야 하지 않나 하는 생각이 든다.

그래도 다행이다. 손자와 아는 사이가 아니지만, 할머니에게 '예수님을 믿으라' 하고, 교회 사무실로 친히 전화해서 심방을 부탁하는 청년인 것을 보면 성품과 믿음의 결이 느껴진다. 참 감사하다. 예수님은 정말 멋진 분이다. 강인순 할머니가 예수님을 꼭 영접하시고 그 나라 백성이 되셨으면 좋겠다. 호계동 지역의 주민이 2만7천 명이라 들었다. 그 중 외로움과 허무와 싸우면서 구원의 손길을 기다리는 분들은 얼마나 될까? 마음이 무겁다.

고령 사회

유엔은 총인구 중 65세 이상이 7% 이상이면 고령화 사회이고, 14% 이상이면 고령 사회로 분류하고 있다. 우리나라는 작년 8월 65세 인구가 14%를 넘어섰기 때문에 이미 고령 사회로 진입했다. 8년 후, 2026년에는 65세 이상이 20%가 넘는다고 하니 초고령 사회가 될 날이 멀지 않았다. 굳이 국제적 분류 기준을 살펴보지 않더라도 곳곳에 생기는 요양 병원과 재가 센터를 보면서, 또한 주변 가족이나 이웃들이 걱정하는 어르신들 문제를 접하면서, 이제 남의 일이 아닌 우리의 일이 되고 있음을 느낀다. 고령화 충격과 인구 감소를 '인구 지진'이라는 용어로 표현할 정도다.

영국 신문 '가디언'지는 한국의 기대 수명이 세계 최고지만, 동시에 노인 빈곤율과 자살률이 OECD 국가 중에 가장 높은 모순적 현상을 보도한 적이 있다. 또한, 기초 생활 수급비와 노령 연금만을 소득으로 살아가고, 새로운 수입이나 충분한 저축도 없으며, 의지할 사람이 없는 노인을 '하류 노인'으로 분류한다.

집에 어르신들을 모시고 사는 경우, 치매기가 오거나 잔소리나 배설 문제로 식구들을 힘들게 하면 그동안 쌓인 갈등까지 폭발되곤 한다. 누군가 어르신을 돌볼 수 없을 경우에는 요양원으로 보내지기도 한다. 어르신들은 그래서 자식들에게 부담과 짐이 되지 않으려고 장수를 원하지 않고 치매나 중풍을 두려워한다.

한 성도님이 최근 요양원을 자주 다녀오셨던 모양이다. 요양원에서 노인들을 '함부로' 대하는 상황들을 보면서 마음에 울컥함과 답답함을 토로하신다. 결국 자신이 갈 곳도 요양원 아니겠는가 한탄하시면서!

지난주, '정종원 집사님' 심방을 다녀왔다. 달팽이관에 문제가 생겨 작년 5월부터 예배에 참여하지 못하셨다. 여름에 잠깐 교회 오신 이후로 줄곧 바깥출입을 못하신다.

"어이구, 목사님이 어쩐 일이신가요!"

이동식 침대에 누워 계신 집사님은 나를 보자마자 놀란 표정으로 맞아 주셨다. 놀라기는 나도 마찬가지다. 교회에서 뵈었던 모습과 전혀 다른 모습으로 많이 수척해지셨다. 집사님 좋아하시는 '저 높은 곳을 향하여', '내 진정 사모하는' 찬양을 부른 후에 오래 앉아 계시는 것이 불편해 보여서 짧게 말씀을 전하고 간절히 기도하고 나왔다. 축도 후에 집사님 눈가에 눈물자국이 선명하다. 심방을 끝내고 나오는 내 마음과 발길도 무거운 것이 매한가지다.

모두가 가는 길이다. 죽음을 잘 맞이한다는 것이 무엇인지, 나이 들수록 더 풍성한 삶을 살아갈 수 있는 비결이 무엇인지, 나와 우리 공동체 모두의 과제로 돌린다. 청년부나 고등부 부서를 맡았을 때는 전혀 고려해 본 적 없는 문제들이었는데, 이제 자주 대하는 무거운 주제가 되었다.

마음이 무거울 때면 고등부를 맡았을 때 같이 말씀을 나누던 제자들에게 전화를 건다. '잘 지내냐'고, '힘들지 않느냐'고, '목소리 듣고 싶었다'고, 차마 교회 나오라는 소리는 못하고 '밥이나 같이 먹자'고.

새벽에 울린 전화

주일 새벽 4시 즈음 전화벨이 울린다. 울림은 늘 같지만 어떤 경우에는 평범하게, 또 어떤 경우에는 심각하게 전달된다. 벨이 울리자 직감이 발동된다. 경험상 밤늦은 시간이나 새벽에 오는 전화는 대부분 심각한 소식이다. 전화를 받자마자 시내 자매가 울먹이면서 엄마가 돌아가셨다는 소식을 전한다. 심장마비였다. 김봉주 집사님이 어젯밤 발견했으나 용인 세브란스 병원에 자리가 없어서 주일 오전부터 빈소를 마련했다는 내용이다. 울먹이며 전달하는 말이 중간중간 끊어졌기에 재차 질문하며 상황을 파악해야 했다.

세수하고 완전히 잠을 깨우고 나서 혼자 멍하니 앉아 있었다. 특별한 기도가 나오지 않았다. 주일 설교 본문을 다시 묵상하는데 마음이 계속 먹먹하다. 문득 최미라 집사님의 환한 미소, 함께 예배드리던 장면, 마당에서 음식을 먹으며 대화를 나누던 일이 생각난다. 한 시간 정도 묵상과 추억을 뒤섞은 이후 정신을 차렸다. 옷을 챙겨 입고 목양실에 도착하여 잠깐 기도한 후에 1부 설교를 마치고 장로님들과 장례 일정을 논의했다.

주일 저녁에 성도들과 빈소를 방문하여 위로 예배를 드렸다. 이해할 수도 없고, 이해가 되지도 않는 상황에서 해야만 하는 설교에 말을 잘 이어갈 수 없었다. 특히 서럽게 울고 있는 시내 자매에게 무슨 위로를 전해야 할지 답답했다. 등 두드려 주며 많이 울어도 된다고 했다. 월요일 입관 예배, 화요일 새벽 발인 예배를 인도하고 와서 성탄 설교를 했지만 마음은 계속 무겁다.

목회를 하다 보니 점심에는 돌잔치, 저녁에는 조문을 가기도 한다. 한날 동시에 새로운 생명이 태어났다는 기쁜 소식과 누군가가 돌아가셨다는 슬픈 소식을 듣는 것이다. 슬프고 아프고 힘든 이야기를 많이 듣다 보니 같이 아플 때가 많다. 물론 성도들은 알리지 않고 혼자 아파하거나 눈물을 훔치는 경우가 더 많다.

이번 주 새벽에는 '시편 118편'을 성도들과 나누었는데, 시인이 고통 중에 부르짖을 때 하나님이 응답하시고 넓은 곳에 세우셨다는 말씀이 계속 눈에 들어온다. '넓은 곳에 세우신다'는 것이 구체적으로 어떤 의미인지 아직 잘 모르겠지만, 앞으로 살아가는 삶을 통해서 보여 주시지 않을까 기대하며 위로를 받는다.

고통과 상처는 우리를 과거에 가두어 놓는다. 함께 미래를 열어 가지 못하는 이별은 우리를 아프게 한다. 함께하던 아름다운 추억이 오히려 고통스러운 기억으로 남을 때가 있다. 떠나간 이들보다 남겨진 삶이 더 슬프고 외롭다. 목회는 늘 죽음과 상실을 마주한다.

'이것 참..'

아무나 하는 것이 아닌데 내가 하고 있는 것은 아닌가 하는 생각이 든다.

수제 마카롱

성도가 운영하는 사업장을 방문하는 것은 즐거운 일이다. 작업복을 입은 성도의 모습은 교회당에서 보던 모습과 또 다르다. 가끔은 지나치다 들르기도 하고, 밥을 먹거나 물건을 사기 위해 일부러 다녀오기도 한다. 성도의 삶, 가치관, 땀과 노동의 흔적이 깊이 배어 있는 신성한 장소라고 생각한다. 목사의 강단만 거룩한 것이 아니라 음식을 만드는 주방, 손님을 대접하는 홀, 물건이나 상품을 만드는 공장, 진열하고 판매하는 가게, 회의하고 직원들과 씨름하는 사무실 등 모든 현장이 거룩하다.

최근 미희 자매가 운영하는 수제 마카롱 가게를 방문했다. 인덕원에 있는 동편마을 카페거리 안쪽에 조그맣게 자리 잡은 공간에서 정성을 다해 마카롱을 만들어 낸다. 몇 년 동안 힘든 과정을 거쳤고, 사업을 하거나 직장에 다니는 이는 누구나 그렇듯이 눈물로 일구어 낸 공간이다.

처음에는 왜 이런 걸 먹나 싶었다. 가격을 알고 나서는 더 놀랐다. 마카롱이라는 것을 전혀 먹어 보지 못했기 때문에 동그란 쿠키 하나에 2천 원이나 지불하는 것이 이해가 되지 않았다. 하지만 젊은이들 중심으로 마카롱 마니아층이 형성되어 있다는 것을 알게 되었다. 결혼식 뷔페나 길거리 상점에서 기계로 찍어낸 마카롱은 먹어 본 적 있는데, 수제 마카롱에 비할 바가 아니었다. 수제 마카롱은 커피와도 잘 어울리는 것이 먹을수록 그 맛이 오묘하다. 두 개 정도만 먹어도 열량이 높아 배가 부르다. 식감, 맛과 향, 그리고 아름다운 색깔, 캐릭터 등의 조합은 보는 즐거움과 먹는 즐거움을 모두 충족시켜 준다.

진열되어 있는 형형색색의 마카롱을 보면서 당일에 다 팔 수 있을지 내심 걱정되기도 한다. 물어보니 한 번 만들어내는 데 최소 4시간 이상 걸린다고 한다. 과자 하나에 굉장히 많은 수고와 정성이 들어간다. 그 중에서도 캐릭터 마카롱은 그보다 더 많은 정성이 들어간다. 수작업이다 보니 마냥 찍어 낼 수 없기에 판매량을 예상하고 정확히 만들어 내는 일은 더 힘들다.

피할 수 없는 경쟁, 오랜 시간의 노동과 작업, 수고한 만큼의 보상과 대가가 오롯이 주어지지 못하는 현실 속에서 일하고, 생계를 책임지며, 꿋꿋하게 살아가는 성도들을 보면 설교 준비와 목회에 대해 '대충'이나 '쉽게'라는 생각은 해서도 안 되고 해볼 수도 없다. 더욱 무거운 책임감이 든다.

마카롱은 맛있는데 지갑은 가벼울 때가 많다. 그래서 미안하다. 미안한 마음 때문인지 기도가 더욱 간절해진다. 수고한 만큼의 보상이 주어지면 좋겠다. 마카롱을 좋아하는 이가 안양에 온다면 미희 자매가 만든 마카롱을 사 주고 싶다. 쓰고 아프고 고단한 현실에 이 달콤한 맛을 선물하고 싶다.

사랑을 기억합니다

예배당 앞 선영빌라에 살 때의 일이다. 2013년 겨울 새벽, 아내가 급하게 깨워 일어났다. 당시에는 아이들이 어려 안방에서는 아내가 두 아이를 데리고 자고, 나는 작은 방에서 잤다. 잠결에 '무슨 일이 일어났구나!' 하는 순간, 쾅쾅 문 두드리는 소리를 들었다. 새벽 4시였다. 아내는 누군가 계속 문을 두드리는데 아무리 누구냐고 물어도 밖에서는 대답이 없다고 한다. 초인종과 현관 외시경이 없기 때문에 밖에 있는 사람을 확인할 길이 없었다.

너무 쾅쾅 두드려 나 역시 두려웠지만 문을 열기 위해 현관 쪽으로 나갔다. 아내는 걱정스러운 눈빛으로 누군지 알고 열어 주느냐며 막았다. 그래도 계속 두드리는 소리가 나길래 그냥 열겠다고 했는데 순간 아내는 안방으로 들어갔다. 아무래도 남편보다는 아이들이 걱정되었던 모양이다.

문을 열자 정숙환 장로님이 서 계셨다. 놀란 가슴 진정시키며 이 시간에 어쩐 일이신지 여쭤보는 순간 자전거 짐칸에서 김이 모락모락 나는 떡을 가져다 주셨다. 금방 나온 떡이었다. 따뜻할 때 목사님 드리고 싶어서 가져오셨다는 것이다.

손주뻘 되는 목사를 위해 새벽부터 얼마나 기다리셨을까! 겨울날 새벽 차디찬 공기를 뚫고 모락모락 김이 오르는 떡을 자전거에 싣고 오시던 장로님의 마음이 어떠했을지, 당시에는 장로님의 그 마음을 깊이 헤아리기 어려웠다. 지금 생각해 봐도 놀란 가슴 쓸어내렸던 기억이 오히려 강하다.

월요일 오후, 방배동에서 유태화 교수님 수업이 시작되기 바로 전에 장로님이 돌아가셨다는 소식을 들었다. 주일 밤에 장로님들과 당회를 마치고 요양원으로 가 찾아가 뵈었는데, 수척해진 모습에 오래 버티지 못할 것이라고는 생각했지만 이렇게 바로 돌아가실 줄 몰랐다. 수업은 시작되었지만 장례 일정 상의하느라 문자 보내고, 잠시 나가 통화도 하며 어수선한 마음을 달랬다.

최근에는 척추 협착증으로 인해 예배 참석을 많이 못하셨다. 그래도 지팡이에 몸을 의지하고 새벽기도 나오실 때면 마지막에 본당 조명 끄는 일을 사명으로 알고 끝까지 감당하셨다. 연로해지고 연약해질수록 어린 목사의 방문을 바라셨고, 기도 가운데 '아멘'으로 화답하셨던 장로님, 입관식을 지켜보면서 오래 전 추운 겨울 새벽에 있었던 소중한 기억 하나가 모락모락 피어올랐다.

정류장까지 따라온 자매

어찌 보면, 처음으로 전도사 사역을 감당한 교회가 은평구 증산동에 위치한 '서부동산교회'다('서'를 꼭 붙여야 한다!). 신학대학원에 다니면서 25세부터 3년간 파트타임으로 섬겼던 곳이다. IMF 시절 예배당을 건축하느라 재정적으로 꽤 힘들었다. 그래서 내가 가기 전 약 5년 정도 교육부서 교역자가 없던 교회였기에 처음부터 환대를 받았다.

중고등부를 맡아서 토요일 오후와 주일 오전에 예배를 담당했고, 청년부 소그룹을 이끌었으며, 성가대와 저녁예배 찬양팀도 맡았다. 금요철야기도 때에는 12시를 훌쩍 넘겼기에 교회에서 자거나 새벽에 걸어서 집으로 가기도 했으며, 중간에 일이 있을 때마다 교회당을 자주 드나들었다. 중고등부 학생들은 '전도사'라는 개념이 없었기에 1년이 지나도록 나를 '선생님'이라 부르는 친구들도 있었다.

3년의 사역을 마치고 사임하는 날. 시인이며 독서광인 담임목사님은 교인들 앞에서 나를 축복해 주셨고, '이용도 전집'을 선물로 주셨다. 파트타임이었지만, 여러 부서와 팀에서 사역을 동시다발적으로 감당했기 때문에 많은 성도들의 사랑을 받았던 터라 사임하는 날 마음이 더욱 무거웠다.

저녁 예배까지 마치고 버스정류장으로 가는 길에 그동안 함께했던 학생들이 울면서 따라왔다. 정류장까지 함께 온 학생이 둘 있었는데 그중의 한 학생을 16년 만에 다시 만났다. 그때 그랬던 것처럼 여전히 울면서 차에서 내렸다.

16년이 지난 지금, 그 학생은 목사의 아내이자 두 아이의 엄마가 되어 있었다. 개척교회의 고단함 속에서도 영롱한 눈빛을 잃지 않고, 목회하는 남편과 함께 교회의 본질을 추구하며 한 걸음씩 걸어가고 있었다. 함께하지 못했던 16년이라는 세월의 조각들은 대화를 통해 조금씩 맞춰졌다.

당시 3년 동안 무엇을 설교했는지, 어떻게 성경을 가르쳐 주었는지, 기억이 잘 나지 않는다. 하지만 내가 그들을 사랑했고, 그들 또한 나를 사랑했다는 것이 오랜 시간이 지나도 긴 여운으로 남아 그리움이 되었다. 이제는 나와 같은 길을 걸어간다고 하니 아내와 내가 목회를 더 잘 감당해야겠다는 생각이 든다.

사라지는 풍경

동네를 거닐다 보니 버려진 세간들이 보이기도 하고 이미 이사 나간 집에는 '출입금지' 스티커가 붙어 있기도 하다. 자주 이용하던 큰 마트와 빵가게도 문을 닫았다. 옹기종기 모인 오래된 빌라와 주택들이 마을 공동체를 이루는 통로였는데 이제는 하나씩 비어 간다. 누군가는 이곳에서 신혼살림을 차렸을 것이고, 누군가는 없는 살림으로 자녀들을 키웠을 것이며, 어린아이들에게는 신나게 뛰어놀던 골목길이었을 것이다.

'제일식당'도 문을 닫는다는 이야기를 들었는데 그 날짜가 다가오고 있었다. 권사님이 마지막으로 삼겹살을 대접해 주셨다. 평소와는 다르게 조금은 무거운 발걸음으로 식당을 향했다. 2004년 1월의 어느 추운 겨울, '제일식당' 앞에서 도인의 풍모를 가진 박덕성 집사님을 처음 만났다. 김영선 목사님은 우리 교회 집사님이라고 소개했다가 '안수집사'

라는 단어를 빼먹었다고 된통 혼쭐이 났다. 그때부터 범상치 않은 분임을 알게 되었는데 요즘 들어 그 장면이 자주 떠오른다.

비가 조금 내리는 스산한 날씨에 삼겹살과 마늘을 구웠다. 고기에서 나오는 기름에 김치를 올려놓고 상추에 파절임까지 풍성하다. 찰진 밥과 된장찌개가 부드러움과 개운함을 안겨 준다. 생명을 이어 주고 잠깐의 휴식을 선사해 주는 밥상 위에 사는 이야기가 버무려지면 추억이 된다. 새벽기도 후에 폐부 깊숙이 들어오는 신선한 공기를 돈 주고 살 수 없는 것처럼 '제일식당'에서의 추억도 값을 치를 수 없을 정도로 귀했다. 서민들의 한 끼 식사, 노동자들의 든든함은 값으로 따질 수 없는 것이다.

17여 년 전 영민이 형을 따라 처음 밟은 호계동 마을이다. 이제는 내 삶의 자리, 예배와 교제와 기도의 처소가 되었다. 언젠가는 떠나갈 준비를 해야 하지만 발걸음이 쉽게 떨어지지 않는다. 이사 나가는 이웃이 안타까워 교역자들이 커피를 내리고 보온병에 담아 드렸더니 그렇게 좋아할 수 없다고 한다. 이웃으로 함께한 것은 참 행복한 일이었다. 떠나간 빈자리가 그것을 가르쳐 준다.

늘 그렇듯이 '마지막'이라는 단어는 지난 시간의 소중함을 일깨워 준다. 오늘을 마지막처럼 살 수 있을까! 우리 동네에는 이제 사라지는 풍경들이 점점 많아지고 있다. 글과 사진으로도 담고 눈과 마음에도 꾹꾹 눌러 담는다.

제일
소망교회
Jeilsomang
Presbyterian Church

14081 경기 안양시 동안구 귀인로 82번길 24-5(호계동)
TEL. 031)454-2774 Fax. 031)427-2567

http://jeilsomang.net

JEILSOMANGPRESBYTERIANCHURCH

제37-11
2021. 3.14

우리는 하나님나라 복음을
받아들이고, 살아내고
전수하는 온가족 공동체입니다.

주일오전예배

2부-오전 9:00 / 3부-오전 11:00
인도- 임교신 목사

* 입례송	임재
* 공동체기도	예배를 위한 기도
* 신앙고백	사도신경
십계명교독	출애굽기 20:1-17, 마태복음 22:37-40
찬송	79장(주 하나님 지으신 모든 세계)
대표기도	2부:이경우 안수집사 3부:김종호 장로
성경봉독	누가복음 18:1-8(신약p.126)
온가족기도	나라와 민족, 다음세대를 위한 기도
설교	누가복음⑪ 어떤 도시(임교신 목사)
찬송	원하고 바라고 기도합니다
헌금봉헌	2부:노영배 황영숙 3부:최무이 박현주
봉헌기도	인도자
교회소식	인도자
* 찬송	선한 능력으로
* 축도	임교신 목사

* 표에서는 일어서 주십시오.

2

목양을 통해 주의 사람들로 세워지다

하나님의 음성을 듣고 하나님을 알아 가는 양들

새벽예배 단상

지난주 새벽에 문 두드리는 소리가 나서 나가 봤더니 정숙환 장로님이 나를 깨우러 오셨다. 시간을 보니 4시 52분이다. 보통 4시 10분에서 30분 사이에 서너 번 울리도록 휴대전화 알람을 설정해 놓는데 울리지 않았던 모양이다. 그 이유를 생각할 겨를도 없이 대충 세수하고 옷 입고 내려왔다. 집에서 교회까지 20초면 도달할 수 있어서 얼마나 감사했는지 모른다.

덕분에 5시에 새벽예배를 무리 없이 인도할 수 있었다. 물론, 머리를 제대로 정돈하지 못하고 가서 성도님들에게 죄송한 마음이 있었다. 다음날 장로님께 감사 인사를 드렸다. 장로님의 분별력이 나를 살렸다. 5시 넘어서 찾아오시지 않고 8분 남겨 놓고 오셔서 대충이라도 준비하고 나올 수 있었다고 말씀드렸다.

새벽예배는 부담이다. 목사가 아니었으면 새벽예배에 거의 참여하지 못했을 것이다. 고등학교 때부터 20년 동안 새벽예배를 드리고 있지만, 아직도 일어날 때마다 육체와 줄다리기를 한다. 좀 일찍 자면 되는데 12시를 넘겨서 잘 때가 많다. 그날도 새벽 2시 정도 되어 잠들었다. 저녁잠보다 아침잠이 많아서 힘들지만 그래도 주의 은혜로 줄기차게 나간다. 새벽에 오셔서 기도하는 분들을 보면 힘이 난다. 새벽에 말씀을 나누는 것이 나에게도 행복이다. 기도하고 목양실에 들어와 다음 날 새벽예배를 위해 본문을 묵상할 때면 기쁨이 밀려온다. 영적 희열과 새벽에 일어나는 부담, 그 사이를 왔다갔다한다. 나의 내공은 언제 더 깊어질까?

세상의 복잡한 생각들이 몰려 들어오기 전, 연한 풀 위의 가는 비처럼 말씀이 우리 영혼에 맺히는 이슬이 되어 우리 가슴을 적시고 있다면 새벽은 우리에게 가장 복된 시간이 될 것이다. 그 누구도 방해할 수 없는 시간이기 때문이다. 그 말씀에 근거하여 기도하고 있다면 그 시간을 통해 더욱 하나님과 깊은 교제를 누리게 될 것이다.

화려하지 않지만 소리 없이 가는 순례자의 모습이다. 복잡한 일상에서 기도를 통해 하나님 앞에 나아가고, 커피를 마시며 말씀을 묵상하는 새벽시간이 나에게는 무엇과도 바꿀 수 없는 시간이다.

아직은 알람을 의지하여 몸을 일으키지만, 시간이 조금 더 지나 하나님을 사랑하고 말씀을 사모하는 열심을 가지고 자연스럽게 일어나 새벽공기를 가르며 이 땅에 충만하신 하나님의 숨결에 호흡하기를 소원한다.

사랑할 시간이 부족합니다

2주 전에 아내와 강시내 전도사님과 함께 용인에 있는 '샘물 호스피스 병원'에 다녀왔다. 강시내 전도사님이 중고등부 학생들과 여름에 봉사활동을 하고 싶다고 해서 샘물병원을 소개시켜 주었다. '샘물 호스피스 병원'은 말기 암 환자들을 돌보는 병원이다. 치료 목적으로 오신 분들이 아니라, 하나님나라로 잘 들어가기 위해 오신 분들이다. 조금 더 구체적으로 말하자면 '잘 죽기 위해', '마지막을 사람답게 살다 가기 위해' 오신 분들이다.

도착하자마자 함께 예배를 드리고 원장인 원주희 목사님께서 우리를 소개시켜 주셨다. 김명숙 전도사님이 병원 건물을 돌면서 아내와 강시내 전도사님에게 간략한 설명을 해 주셨다.

가고 오는 길에 차 안에서 전도사님과 어떤 식으로 중고등부와 연결할 수 있을지 대화를 나누었다. 나는 큰 틀에서 방향만 제시했고, 중고등부 교사들이 구체적으로 논의한 다음 이번 여름부터 봉사활동을 시작하게 될 것 같다.

2년 전에 '향산교회' 청년들과 여름에 봉사활동 수련회를 하면서 새벽 6시부터 밤 9시까지 '샘물 호스피스 병원' 노동 현장에 투입되어 허드렛일을 감당한 적이 있다. 몸은 피곤했지만 죽음과 가장 가까이에 계신 분들을 섬기면서 삶과 죽음 사이의 공간이 많지 않다는 사실을 분명히 인지하고 돌아왔다.

그 즈음해서 '사랑할 시간이 얼마 남지 않았다'는 제목의 글을 올린 적이 있다. 또한 내가 그곳에서 섬겼던 권민주 자매(당시 37세)와 '카카오톡'을 하다가 답이 없어서 알아봤더니, 내가 서울에 올라간 그날 바로 하나님나라로 들어갔다는 소식을 듣고는 그 안타까운 마음을 '아, 대답 없는 권민주 자매'라는 제목의 글로 표현해 올린 적도 있다.

삶에 대해 '낯선 여인숙에서의 하룻밤과 같다'고 표현한 성녀 테레사의 말에 공감이 간다. 우리가 살아가는 세상은 아직도 낯설다. 삶이 나의 것이라 생각하지만 사실 삶은 나의 것이 아니다. 삶은 선물이다. 우리의 삶에는 성별, 고향, 성향, 성격 등 스스로 선택해서 만들어가는 영역보다 이미 주어진 대로 살아가고 있는 영역이 훨씬 더 많다. 또한 인간의 욕심과 투쟁, 성취욕 사이에서 우리의 연약한 인격을 빚어 가시고 새롭게 하시는 분도 하나님이시다. 사람이 모든 것을 계획하는 것 같지만 그 걸음을 하나님이 인도하신다.

우리에게 주신 귀한 선물인 인생을 가장 가치 있게 사는 방법, 그것은 우리의 마지막과 우리의 한계를 분명히 깨닫고 거기서부터 우리 자신을 점검하는 일이다. '거기서부터' 지금 우리 삶의 현장까지의 거리를 재면 얼마 남지 않았다는 사실을 알게 될 것이다. 그 한계 속에서 사랑으로 더욱 충만하게 세워지는 공동체가 되기를 축복한다.

전도의 기쁨

10여 년 전 부교역자로 사역할 때 일이다. 9인승 흰색 3호차를 후진해서 선영빌라 골목길을 나가다가 코너에서 어떤 분과 부딪쳤다. 놀라서 나가보니 지팡이를 의지하고 계시던 아저씨가 넘어져 일어나지를 못하고 있었다. 속도를 낸 것은 아니지만 원래 몸이 불편하셔서 지팡이를 간신히 의지해서 천천히 걷고 계시다가 부딪쳐 넘어진 것이다. 급히 응급실로 모시고 가서 이런저런 검사를 해 보았다. 다행히 큰 이상은 없었지만 죄송한 마음이 들어 가끔씩 음료수나 과일을 들고 찾아뵈었다. 지금은 몸이 더 많이 불편해지셔서 밖으로 거동을 거의 못하신다.

이번 유아유치부 여름성경학교를 앞두고 생각이 나서 이용관 전도사님과 시원한 수박을 들고 찾아뵈었다. 아주머니가 따님의 세 아들을 돌보고 있는데 그 아이들이 3살 범서, 5살 현서, 6살 윤서다. 생각날 때마다 기도해 온 아이들이었기 때문에 성경학교에 초대하고 싶었다.

첫째와 둘째인 윤서와 현서가 지난주에 교회로 와서 금요일부터 주일까지 함께 예배를 드렸다. 주중에 아주머니를 만나 감사의 인사를 드렸는데, 아이들이 '언제 또 가는 거냐'고 물었다고 한다. 아이들이 예배와 교회에 잘 적응했고 나름 즐거웠던 것 같다. 교회에서 배운 성경 암송을 집에 와서도 계속했다는 얘기를 듣고 아주머니에게 아이들을 계속 보내 주시라고 부탁드렸다.

감회가 새롭다. 10여 년 전 내가 사고를 냈을 때는 그 아이들이 이 땅에 있지도 않았는데, 묘한 인연으로 만나서 관계를 이어온 조규창 아저씨, 최준석 아주머니의 손자들이 교회에 나와서 성경 구절을 암송하고 있는 모습이 참 신기하다. 지금은 아저씨와 아주머니라고 썼지만 이분들의 이름도 생명책에 기록되어 다른 호칭으로 불러 드리는 날이 빨리 왔으면 좋겠다. 비록 어린아이지만 전도하니까 굉장한 기쁨과 감사가 몰려온다. 아이들에게 더 관심을 갖게 되고 더 기도하게 된다.

유아 및 유치부에 이어서 이번 주에는 초등부 성경학교가 진행 중이다. 아이들의 명랑한 찬양 소리가 시원하다. 습하고 무더운 날씨에 지하에서 아이들과 씨름하는 선생님들과 주방에서 땀 흘리며 밥 짓는 분들을 보면서 감사한 마음을 새긴다. 무더위에 고생하신 모든 주일학교 선생님들에게 시원한 더치커피 한 잔씩 대접해야겠다.

추억

예전에는 수련회와 같은 행사에 과도한 의미를 부여했다. 2박 3일 또는 3박 4일이라는 지극히 짧은 시간 동안 아이들이 하나님을 만나서 성품과 삶이 확 바뀌었으면 좋겠다는 심정으로 절절하게 고민하고 기도하면서 준비했다.

몇 가지 프로그램에 의존하여 진행하는 방식이 구차하게 느껴질 때면 새로운 돌파구를 찾기도 했다. 아이들이 직접 섬기고 봉사하도록 소록도에도 가고, 제주도나 태국에 가서 복음을 전하기도 했다. 고아원 아이들을 돌보고 성경학교를 열고 호스피스 병원에 가서 하루 종일 섬기는 일만 하기도 했다. 전형적인 교회 수양관을 빌려서 가는 수련회라면 기도시간을 많이 늘리고, 짝기도, 통성기도, 개인기도 등 여러 제목을 붙여 가며 기도를 많이 하도록 인도했다.

신기하게도 평소에 기도를 안 하던 아이들이 수련회에서 몇 시간씩이나 울면서 기도하는 모습을 보면, '아이들이 은혜를 받는구나!', '뭔가 변화가 일어나겠구나!' 기대하기도 했다. 하지만 일상에 복귀하면 '도루묵'이 되는 경우가 허다했다.

15년 정도 부교역자로 섬겼으니 그동안 30번도 넘게 수련회를 진행했다. 모든 수련회가 기억난다. 20대 초반 처음 전도사가 되어 청년들을 데리고 강릉으로 향했던 수련회가 특별한 추억으로 남아 있다. 그때는 수련회가 뭔지도 모르고 그냥 놀러간 것 같다.

함께 사역했던 강도사님 집을 빌려서 거기서 주시는 옥수수나 감자를 먹으며 우리끼리 밥 해 먹고 찬물로 샤워하면서 시간을 보냈다. 찬물 때문에 비명 지르는 자매들 소리를 좀 무마시키려고 마당에서 기타 치면서 노래하고, 밤에는 간단히 예배드리고, 낮에는 바닷가에 나가서 놀았다. 특별한 프로그램도 없었고 시간이나 일정도 빡빡하지 않았다. 그냥 설렁거리다 온 것 같은 수련회답지 않은 수련회였다.

그런데 가끔 그 수련회가 그립다고 연락을 해 오는 친구들이 있다. 삶이 힘겨울 때 그때를 떠올리면서 위안을 받는다는 것이다. 오랜 시간이 지났지만 추억 한 자락이 선물로 남았던 시간이다.

우리가 추억을 불러오는 이유는 아름다운 추억 하나가 안겨 주는 위로와 정화 때문이라고 할 수 있습니다. 추억은 아무리 작은 것이라 하더라도 뜻밖의 밤길에서 만나 다정한 길동무가 되어 주기 때문입니다.

_ 교수 신영복의 '담론' 중에서

중고등부 아이들이 백리포로 수련회를 갔다. 많은 기대를 하지 않기로 했다. 그저 '억눌려 있던 학생들이 좋은 추억 한 자락 남기고 오면 좋지!', 이런 생각일 뿐이다. 한 주 전에 '초밥집'을 시작한 진표가 '휴가 간다'고 써붙여 놓고는 수련회에 참석했다. 시동 건 지 얼마 안 되었으니 한참 운영할 시기에 4일이나 문을 닫은 것이다. '저 놈, 자신감 있구나!' 생각했다.

참여한 교사와 학생들에게 저마다의 사연이 있을 텐데, 집사님들이 해 주시는 맛있는 밥 먹고 지내면서 '뜻밖의 밤길에서 만나 다정한 길동무가 되어 줄' 그리고 '삶이 힘겨울 때 위로해 줄' 추억 하나 담아 오기를 기도한다.

설교 단상

"목사님, 커튼이 하나 젖혀진 것 같아요. 진리를 알면 자유하게 된다고 했는데, 제가 지금 그래요. 말씀을 알고 나니 정말 자유롭고 좋습니다."

지난 3월부터 시작된 제자훈련 과정을 마치고 편안한 마음으로 식사를 나누는 자리에서 한 분이 말씀을 하셨다. 그동안 깨달았던 말씀을 열거하면서 자신의 인생 계획을 나누셨다. 목사에게 영광은 성도들이 말씀을 깨닫고 하나님을 더욱 알아 가는 모습을 보는 것이다. 말씀을 통해 성장과 성숙이 일어날 때 그간의 마음 졸임과 수고는 충분히 보상이 된다.

평소에는 인식을 못하지만, 아이들 어렸을 때 사진을 보면 성장 여부가 확연하게 드러나는 것처럼 평소에는 목회 현장에서 성도들의 성장 여부가 잘 보이지 않는다. 하지만 말씀을 통해 깨달음을 얻었다는 이야기를 듣거나 새로운 섬김의 자리에서 기쁘게 섬기거나 고난과 어려움을 의연히 감당하고 있는 모습을 보면, '성장하고 계시는구나' 생각하게 된다. 반면, 예배의 자리를 이탈하거나 시험에 들거나 구역장이나 교사와 같은 섬김의 자리에서 스스로 '하야'하겠다는 분들이 나오면 내가 말씀을 잘못 전한 것 같아 마음이 괴로울 때도 있다.

'시원하다', '불편하다', '어렵다', '쉽다', '뭔 말인지 모르겠다', '와 닿는다', '찔린다', '부담스럽다', '왜 저런 설교를 하나?' 등등 설교를 하고 나면 여러 가지 평가와 반응이 나온다. 믿음의 과정이 다르고 현실 인식에 대한 다양한 입장과 배경을 가지고 있기 때문이라고 생각한다. 그런 면에서 설교는 참 어려운 것이다. 청중들이 매주 바뀌는 것도 아니고, 동일한 대상으로 한 주에 7~8편의 설교를 꾸준히 해야 하는 입장에서 늘 부담이다.

본문과 현실 사이를 부지런히 오가며 내 인격에서 발효되는 과정을 거쳐 설교 원고가 작성된다. 현실 속 인생은 살기 어렵다고 하는데 '쉽게 써진 시'처럼 되지 않기를 바라며 설교 원고를 붙잡고 기도한다. 더 어려운 것은 설교와 삶의 일치의 여부다. 목회자의 삶은 공동체 안에서 그대로 드러날 수밖에 없어서 투명 유리관 속에 놓인 것 같기도 하다. 여러 가지 부담을 안고 살아가지만, 말씀을 통해 힘을 얻고 새로운 도전을 시작하는 분들을 볼 때, 그동안 내가 알지 못하고 있는 사이에 하나님께서 일하고 계신다는 사실을 깨닫는다. 이 부분이 결국 내가 붙잡고 가야 할 지점이 아닌가 싶다.

새벽기도 동역자

수원 당수동으로 이사 심방을 다녀왔다. 설교 전에 이복희 권사님이 하신 이야기가 가슴에 남는다. 이삿짐 정리 후에 새벽기도처를 찾기 위해 주변 교회당을 찾아다녔는데 집 근처 네 군데의 교회당이 모두 잠겨 있었다고 한다. 어느 새벽에 급하게 걸어가는 아주머니를 만나 물어보니 새벽기도회 가는 길이라 하여 그 길로 같이 가신 뒤로는 그곳에서 새벽기도를 시작하셨는데 개척한 지 6년 된 교회라고 한다.

권사님은 평생 새벽기도를 해 오신 분이라 문만 열려 있었다면 기도의 동역자를 얻을 수 있었을 텐데, 문 닫아 놓은 교회는 조금 아쉬운 일이다. 물론 그 교회는 이런 일이 있었다는 사실조차 알지 못하겠지만 말이다.

목회자 입장에서 함께 기도하는 동역자는 굉장히 든든하다. 아버지가 개척을 하셨을 때에도 순복음교회 교인들이 새벽이나 밤에 와서 기도를 많이 하셨던 기억이 난다. '예배당 문은 항상 열려 있어야 한다'는 아버지의 지론대로 나는 2층 본당과 1층 교육관을 항상 열어 놓는다. 잔잔한 경음악을 틀어 놓아 언제 누가 와도 기도하고 가실 수 있도록 배려한다.

우리 교인들 중에도 집 가까운 곳에서 새벽기도를 하시는 분들이 있다. 그곳에서 열심히 기도하시라고 권면하는 편이다. 교회 규모가 작을수록 한 사람의 기도 동역자가 큰 힘이 된다는 사실을 알고 있기 때문이다. 다른 교회에 출석하시지만 집과 가까운 우리 교회로 오셔서 기도하시는 분들도 몇 분 계신다. 뵐 때마다 감사하고 든든하다.

어떤 집사님은 안양으로 이사 오신 후, 등록하려고 가까운 교회에 갔더니 그날 마침 체육대회라서 전 교인이 근처 운동장으로 몇 시까지 모이라는 안내문만 봤다고 한다. 결국 그 다음으로 가까운 우리 교회로 와서 등록하셨다는 이야기를 들었다. 만약 그날 체육대회가 없었다면 그 교회 교인이 되었을 텐데, 체육대회를 밖에서 하는 바람에 그 집사님은 지금까지 우리 교회에서 예배드리고 헌신하신다.

몇 달 전 어떤 분을 현관에서 만났다. '주보 좀 달라'고 하셔서 전도지와 홍보물을 챙겨 드렸다. 아무도 만나지 못하고 그냥 갈 수도 있었을 텐데 때마침 나를 만난 것이다. 최근 아이들과 함께 등록하셔서 열심히 다니신다.

열린 문, 한 번의 예배, 한 번의 만남이 누군가에게는 교회를 정하는 시간이 되고, 누군가에게는 하나님의 위로와 격려를 받는 시간이 된다. 그래서 되도록 우리 사역자들에게도 간곡히 부탁한다.

'심방 때문에 사무실을 비우면 전화기를 휴대전화로 돌려놓기'

'사무실 문 앞에 메모 남기기'

'우편물을 가져오거나 물건을 나르는 분들이 오시면 인사하고 음료수 대접하기'

'누구에게나 친절하게 대하기'

함께 새벽기도를 하시던 권사님의 자리가 비어 서운하기도 하지만, 또 어떤 개척교회 목사님에게는 든든한 힘이 될 것을 생각하니 이 또한 감사한 일이다. 그나저나 우리 교회 이복희 권사님의 새벽 빈자리는 '누가' 채우시려나!

완충 장치

지난 금요일 밤 이웃 주민이 주차하면서 교회 승합차에 흠집을 냈다. 푹 파인 정도는 아닌데 흠이 많이 났다. 사실 누가 그랬는지 모르고 넘어갈 뻔했는데, 야밤에 창문을 우연히 보고 있던 이웃 주민이 어떤 차가 긁었는지 친절하게 알려 주었다고 한다.

강원석 목사님이 다음날 아침 전화해서 자초지종을 설명했다. 차주가 '자기 딸이 그 차를 운전했는데 초보여서 운전 미숙으로 그런 것 같다'며 잘못을 인정하고, 처리 비용을 다 지불하기로 했다.

주일 오후에 당회와 안수집사회와의 족구시합 후, 저녁을 먹는 중에 차량봉사팀 집사님들이 한상에 앉아 계셔서 자연스럽게 이야기를 꺼냈다. 그랬더니 차량봉사팀에서 차량 정비소에 맡기지 않고 그냥 닦아 내기로 결정했다는 소식을 전해 주셨다. 흠집 범위가 넓지는 않지만 고치려면 세 판을 다 갈아야 하기 때문에 굉장히 많은 비용이 나올 것 같다는 것이다. 이웃 주민이 그런 것인데 너그러이 봐주기로 했다는 것이다. 그러면서 이런 말씀도 덧붙이신다.

“혹시 이런 일을 계기로 우리 교회에 나오면 얼마나 좋겠어요.”

이야기를 들으면서 부끄러웠다. 강 목사님이 ‘어떻게 처리할까요?’ 질문했을 때, 차주에게 연락하라고 한 사람이 나였기 때문이다. 흠집 낸 정도를 봐서는 운전한 사람이 모를 리가 없을 텐데 아무런 연락을 해 오지 않은 것에 대해 살짝 괘씸한 생각이 들었다. 또 승합차가 교회 재산이기 때문에 잘못한 사람이 책임지도록 조치하기 위한 의도도 있었다. 하지만 차량봉사팀에서는 오히려 넓은 마음을 베푸는 방향으로 해결하셨다. 나는 교회 재산을 걱정했지만, 집사님들은 이웃 주민의 영혼을 배려했다.

며칠 지나 차량 주인이 음료수 한 상자를 사들고 사무실로 찾아오셨다. 고마운 마음을 전달하러 온 것이다. 강 목사님이 그 음료수를 목양실로 가져왔기에 차량봉사팀 생각이 나서 주일에 차량봉사팀 팀원들에게 나눠 드리면 좋겠다고 했다. 다시 생각해 봐도 차량봉사팀에서 좋은 결정을 내려 주셨다.

지난번에 강동한 형제가 잠시 귀국했을 때 식사하면서 들은 이야기다. 프랑스 사람들은 주차 실력이 거의 엉망이라고 한다. 그래서 주변에 주차된 차량을 몇 번이고 부딪친 다음 주차한다는 것이다. 그렇게 흠집이 생겨도 원래 범퍼의 역할이 그런 것이라고 생각하고 서로 신경을 안 쓴다고 한다.

사실 살다 보면 서로 흠집을 주고받는다. 흠과 상처, 충격을 서로 완화시킬 수 있는 완충 장치가 잘 작동이 되고 그리고 조금씩 넓어졌으면 좋겠다. 돈보다 사람이 우선인 삶을 살았으면 좋겠다. 범퍼는 그냥 범퍼다.

첫걸음의 중요성

언제부터인가 신앙이 특권이 아닌 의무가 되어 버렸다. 예수를 영접한 이후, 방치되거나 잘못된 전통이나 습관에 의해 각질처럼 굳어진 신앙의 단면을 깨기 위해 네 분과 함께 10주 과정으로 '풍성한 삶의 첫걸음'을 시작했다.

한 분은 최근 예수님을 영접하고 성탄주일에 세례 받기로 예정된 분이고, 다른 세 분은 꾸준하게 신앙생활을 해 오신 분이다. 몇 주간 진행하는 가운데 '왜 이 책을 빨리 만나지 못했을까' 하는 아쉬움이 들었다. 그리고 기존에 신앙생활을 해 오시던 분들이 새롭게 예수님을 영접한 분에게 오히려 부럽다는 표현을 하셨다. '처음부터 제대로' 배워서 성장할 수 있기 때문이다.

세례 받기로 한 분은 '마가복음'부터 읽기로 했다. '마가복음'을 몇 번 읽은 후에는 '사복음서'를 읽도록 안내하고 소책자로 된 관련 도서를 추천해 드렸다. 다른 한 분은 '쉬운 성경'으로, '마태복음'부터 읽기로 하고 매주 어디까지 읽으셨는지 점검해 드렸다. '쉬운 성경'으로 읽으면서 말씀의 재미와 감동을 새롭게 알아 가고 있다는 간증을 나누셨다. 읽다 보니, 어쩔 때는 2시간을 훌쩍 넘겼다는 고백도 하신다. 3개월 안에 '신약성경' 통독하는 것이 목표였는데, 그 분량을 채워 가고 있다. 다른 두 분은 나름대로 경건생활을 하셔서 그 부분을 건드리지 않고 이어가도록 권면했다.

소그룹으로 모이니 한 분 한 분 더욱 관심을 가질 수 있고, 신앙과 삶의 영역에서 구체적인 나눔과 지도가 가능하다는 사실을 경험적으로 알게 되었다. 한 주에 한 과씩 10주를 진행하고, 하나님나라 이야기를 몰아서 한 주 더 만나서 나누었다. 총 11주 동안 모인 것이다. 시간이 금방 가는 듯했고, 성장하는 모습들이 눈에 보이니 기쁨이 배가 되었다. 단순하지만 심오한 진리를 반복하는 것의 중요성을 계속해서 말씀드렸는데, 이분들이 어떻게 지속적으로 성장해 나갈지 기대가 된다.

조직을 관리하고 프로그램을 진행하고 정치하는 데 에너지를 쏟는 것보다 이런 과정을 성도들과 나누고 함께 고민하고 씨름하는 것이 훨씬 더 좋다. 학교 공부와 심방과 제자훈련, 그리고 설교 준비와 각종 행정 업무로 몸에 과부화가 걸려서 건강에 대한 두려움도 든다. 하지만 두려움과 피곤을 넘어서는 영적 기쁨이 있다.

하반기부터는 주일 오후에 부부 중심으로 '풍성한 삶의 초대'를 진행하고 있는데 바로 눈앞에서 회심하는 일도 보게 되었다. 개인적으로 전도할 때에는 '카카오톡'으로 '풍성한 삶의 초대' 영상을 보내 준 다음 따로 대화를 나누거나 전화 통화를 한다. 내가 가르치는 것보다 본인들이 깨닫고 느끼는 부분들이 더 많다. 금요기도회 전에는 한 분과 4주 과정으로 복음을 나눈다. 이분이 예수님을 영접하고 세례 받을 수 있을지 가슴이 조마조마하다.

앞으로 죽기 전까지 몇 명에게 복음을 전할 수 있을지, 몇 명의 제자들을 세워 갈 수 있을지 궁금하다. 욕심낸다고 되는 것도 아니고 조바심으로 회심이 일어나는 것도 아니니 그저 천천히 재미있게 갈 생각이다. 요즘엔 목사라서 행복한 것이 아니라 내가 복음을 받아들인 그리스도인이어서 행복하고, 이 복음을 나눌 수 있는 공동체가 있어서 행복하다.

복음 전수

상반기 제자훈련이 마무리되었다. '풍성한 삶의 기초' 과정을 열세 번의 만남을 통해 두 분이 이수했다. 마지막날에는 감동이 밀려왔다. 한 번의 만남을 준비하기 위해 책을 한 시간 반 정도 읽고 워크북에 답을 적으며, 한 시간 반 분량의 영상을 보셨다는 이야기를 들었다. 대략 세 시간에 걸쳐서 만남을 준비했던 것이다. 그리고 두 시간 제자훈련을 했으니, 일주일에 다섯 시간을 들여 하나님나라 복음을 받아들이고 살아 내는 과정을 나눈 것이다.

13주 과정의 제자훈련을 마쳤다고 해서 급격한 어떤 변화가 일어나는 것은 아니다. 하지만 두 분에게는 그리스도를 따르는 것이 무엇인지에 관한 최소한의 청사진이 주어진 것이다. 이 청사진을 따라 앞으로 걸어갈 그 길이 무척 기대된다. '바쁜 세상에 뭐 하고 있나?' 이런 생각이 가끔 들기도 하지만, 만남을 통해 은혜가 깊어지고 말씀이 새겨

지며 새로운 생각과 도전들이 일어나는 것을 자주 경험한다. 성령님이 이 가운데 역사하시는 것이다.

'풍성한 삶의 초대' 과정은 소그룹으로 두 팀을 진행하고 있다. 다음 주부터는 청년 한 명과 1대1로 시작한다. 예수를 믿지만 교회에 나가지 않는 '가나안 신자'도 있고, 교회에 나오지만 예수님을 잘 모르는 분들도 있다. 살아온 이야기를 들으면 고민하는 주제와 답답해하는 현실들과 마주하기도 한다. 교회 공동체 안에서 상처를 받고는 아예 발걸음을 끊어 버리기도 하고, 진리의 실체를 발견하지 못하는 안타까운 현상들이 꽤 많다.

자연스럽게 나도 고민하는 지점을 나눈다. 목사지만 의문과 딜레마를 경험하고 답답한 부분들을 솔직하게 나눈다. 이런 과정을 통해 내가 믿는 예수님이 어떤 분인지 더욱 깊이 알아가게 된다. 대화를 통해서 정리되는 부분도 있기 때문이다. 정리가 된 상태에서 말을 하거나 글을 쓰기도 하지만 글을 쓰거나 말을 하는 과정을 통해 정리되는 것도 많다는 의미다.

예수님은 참 멋지고 매력적인 분인데, 신앙을 자기 욕망의 도구로 이용하는 이들로 인해 많은 사람들이 상처 가운데 살아가는 경우도 있다. 상처 받은 분들에게는 진심으로 용서를 구한다. 그런 분들에게는 교재에 나온 속담을 인용해서 말씀드린다.

"목욕물 버리려다 아이까지 버리지 마세요."

더러운 목욕물 안에 목욕을 끝낸 건강하고 예쁜 아이가 있는 것처럼 기독교 내에 알게 모르게 만들어진 구정물과 오염된 공동체가 있을 수 있지만, 그 안에도 불변하는 소중한 진리가 있게 마련이다.

설교하는 것보다 더 힘든 것은 실제로 살아 내는 일이다. 그래서 목사에게도 청사진이 필요하고, 구체적인 도구와 방법론, 그리고 함께 삶과 진리를 나누고 고민하고 기도하는 이들이 필요하다. 때론 목사도 아내와 아이들 때문에 거룩해지고, 성도와의 관계 속에서 예수님을 더욱 닮아 간다. 분명 외롭고 고달픈 길이지만 함께 이 길을 걸어가는 이들을 보면 든든하다. 내가 살아 내고 나누는 과정을 통해 전수되는 복음, 그리고 그들을 통해서 또 다른 이들에게 전수되는 복음을 통해 하나님나라의 생태계가 지역마다 복원되기를 꿈꾼다.

7월 1일부터 시작되는 '매일성경'의 본문이 '디모데후서'다. 바울과 디모데 간의 깊은 관계, 눈물과 믿음과 신뢰로 뭉쳐진 그 관계를 묵상한다. 피상적인 관계와 영혼 없는 대답이 오고가는 세상에서 서로를 진정으로 신뢰하고 서로를 위해 눈물을 흘리며 진정한 사랑을 주고받을 수 있는 공동체를 꿈꾸고 그리는 시간이 되리라 믿는다.

잘 보내 주는 일

열심히 교회를 섬기던 성도가 이사를 가거나 여러 가지 사정으로 교회를 옮겨야 할 때, 목회자의 마음은 무척 아프고 힘들다. 그 허전한 마음은 무엇으로도 달래지 못한다.

최근 열심히 섬기던 청년 몇 명이 유학을 결심했다. 평소에 청년들과 깊이 교제를 나누지 못하지만, 청년부 목사님과 '풍성한 삶의 초대'를 이수하도록 권면해 놓은 터였다. 나는 '청년아 때가 찼다'라는 책으로 읽기 과제를 내주었다. 시간이 되는 대로 출국하기 전에 만나서 과제를 점검하고 이미 임한 하나님나라, 그리고 앞으로 어떤 방식으로 살고 섬길 것인지를 나누었다. 그 시간을 통해 다행히 청년들이 도전을 많이 받았고 '초대' 과정을 통해 생각의 전환을 이루게 되었다는 이야기를 듣게 되었다. 앞으로 '첫걸음'과 '기초' 과정을 영상을 통해 진행하려고 한다. 그 다음부터는 하나님께 맡기는 수밖에 없다.

최근 2년 동안 나와 함께 '초대', '첫걸음', '기초' 과정까지 모두 마친 집사님이 연말에 이사한다는 소식을 들었을 때는 소위 '멘붕'이 왔다. 성장하는 모습이 보였고, 앞으로 '이끄미'로 섬긴다고 하셨기에 마음을 추스르기가 더 힘들었다. 하지만 곧 정신을 차린다. 하나님나라 복음을 받아들이지 않았다면 더 힘들었을지 모른다. 하나님나라 복음은 성도들을 교회 공동체 안에 묶어 두는 일에만 그치는 것이 아니다. '세상 속으로 어떻게 파송할 것인가'에 대한 시야를 열어 주는 사역이다. 생각해 보니 하나님은 예수님을 이 땅에 보내셨고, 예수님은 교회를 세상으로 파송하신다. 사랑하는 가족도 언젠가는 보내 주어야 할 때가 있다. 어린 자녀들도 언젠가 크면 부모를 떠나서 누군가의 아내와 남편, 엄마와 아빠가 될 것이다.

떠나는 것도 쉽지 않지만 떠나보내는 일도 익숙하지 않다. 목사이기에 떠나기도 했고, 떠나보내기도 했지만 여전히 어려운 주제다. 남가좌동에서 교육 목사로 섬길 때, 당시 20대 초반 자매가 자기 시집갈 때까지 사역을 해 달라고 특별히 부탁해 왔다. 교역자들이 자주 바뀌는 통에 상처가 있었던 것이다.

"네가 언제 시집갈지 모르겠지만 난 쉽게 사역지를 옮기지 않아."

웃으며 약속하고서는 2년 만에 안양으로 청빙 받아 오게 되었다. 떠나오는 나도 힘들었는데 보내는 청년들과 교회는 얼마나 더 힘들었을까? 일주일 전 그 자매가 결혼을 했다며 사진을 보내 주었다.

지난주에는 정종원 집사님을 보내 드려야 했다. 약 1년 6개월 전부터 달팽이관에 문제가 생겨 어지럼증 때문에 바깥출입을 못하셨다. 심방을 가면 수척해진 몸을 이끌고 얼마나 반갑게 맞아 주시는지 아직도 눈에 선하다. 잘 맞이하고 환대하는 일, 그리고 잘 보내 드리는 일, 목사와 공동체에게 맡겨 주신 소중한 사명이 아닌가 생각해 본다. 지금 함께하는 가족, 그리고 공동체가 소중한 이유다.

심방을 통해 얻는 것

심방하다 보면 이런 것이 목회가 아닌가 하는 생각이 많이 든다. 각자 다른 신앙의 여정을 나누면서 풍성함을 공급 받으며, 굴곡과 어려움 속에서 믿음을 붙잡고 살아온 이야기는 신선한 도전을 더해 준다. 성도의 형편과 상황을 알고 필요한 말씀을 나눌 때 더 간절함으로 기도하게 되는데, 이 과정에서 삼위 하나님의 임재를 함께 누린다.

고난의 시기를 지나는 성도들, 여전히 힘들고 답답한 마음으로 기도 제목을 내놓는 성도들의 모습을 보면 같이 아프다. 인간의 경험과 지식으로 대처하기 어려운 것들이기 때문에 적절한 말씀이 무엇일까 고민하면서 생각들이 수시로 이동하며 말씀을 찾게 된다. 천국 창고에서 새것과 옛것을 자유자재로 내올 수 있는 훈련된 서기관으로서의 역량이 여전히 부족하기에 성경을 더 많이 읽어야겠다는 다짐도 한다.

심방을 가서 가끔은 내가 은혜를 받기도 한다. 성도들이 미리 제시

한 구절을 암송하면서 깨달은 바를 말씀하실 때다. 신학이라는 학문을 통해서는 얻기 힘든 진리가 삶의 현장에서 팔딱팔딱 뛴다. 말씀을 암송하고 묵상하는 과정에서 하나님이 성도들에게 다양한 깨달음과 은혜를 주셨음을 알게 되는 그 순간에는 큰 보람을 느낀다.

심방 기간에는 어쩔 수 없이 '살'도 얻게 된다. 정성껏 차려 주시고 대접해 주시는 음식을 외면할 수 없어서다. 운동해서 땀을 뺄 시간과 마음의 여유는 없고 살만 늘어간다. 예수님께서는 '내가 온 것은 양으로 생명을 얻고, 더 풍성히 얻게 함이라'고 하셨는데, 거기에 살도 포함되는 것 같다. 운동을 못하는 변명 같아 보이지만 성도들의 사랑으로 날마다 살이 오른다.

대심방이 진행되면서 기도제목을 적은 종이의 두께도 늘어만 간다.

"목사님, 참 갑갑하지요?"

최근에 심방하면서 기도제목을 말씀하시던 성도님이 질문하신다. 물론 상황만 보면 답이 보이지 않는다. 하지만 그때마다 '바른 믿음'의 중요성을 권면한다. 의미를 찾지 못할 때, 하나님의 침묵이 계속될 때, 터널의 끝이 보이지 않을 때, '그래도 하나님을 신뢰할 수 있는가?' 성도들에게 도전을 주기도 하지만, 이 질문은 다시 나를 향하기도 한다.

"너라면?"

신학 도서와 성경에서 읽었던 내용들과 성도들의 현장에서 나오는 이야기 그 중간 어딘가에 내가 있다. 선지자처럼 하나님 쪽에 붙었다가, 또 어떤 경우엔 제사장처럼 성도에게 붙었다가!

기도 동역자

성도들이 먼 곳으로 이사를 가는 경우, 주중 예배나 새벽기도는 거처와 가까운 교회로 나가 참석하곤 하신다. 최근, 심방하면서 가까운 교회에서 기도하면서 어려움을 이겨내고 계신 성도님의 이야기를 듣게 되었다. 새벽기도에 출석하는 교회 이름을 듣는 순간, '하나님나라 복음 네트워크 갱신 팀' 소속 교회와 이름이 같아서 목사님 성함을 여쭤본 결과 동일한 교회임을 알게 되었다. '어떻게 아시냐?'며 집사님이 더 놀라신다. 점심식사 후에 그 교회 목사님께 전화를 드려서 자초지종을 전하고 '우리 집사님을 잘 부탁드린다'는 말씀을 드렸다. 기쁘기도 하고 안심이 되기도 했다.

우리 교회에도 그런 분들이 계신다. 본 교회가 먼 성도들이 우리 교회의 새벽기도나 주중 예배에 참석하신다. 우리 교회에 등록된 분들은 아니지만 함께 기도할 수 있기에 언제나 든든하다.

초등학교 3학년 때 아버지가 녹번동에서 개척교회를 시작하셨는데, 지하 30평 조그만 공간에 장의자를 놓을 수 없어서 네모난 천 방석을 깔고 예배를 드렸다. 예배 전에 방석을 깔거나 예배 후에 정리하는 일을 도맡았는데, 당시 순복음교회 교인들이 많이 와서 기도하셨던 것으로 기억한다. 굉장히 열정적이었고, 가끔 맛있는 음식을 사 들고 오셨다. 그분들 눈에 지하 개척교회에 성도들은 별로 없고, 자녀는 세 명이나 되니 걱정되신 모양이다. '방석을 준비해 주는 목사님 아들이 생각나서 돼지고기 살 때 한 근 더 샀다'고 하면서 가져오셨다는 이야기를 종종 들었다. 지금 생각해 보니 순복음교회 교인들을 통해서 아버지도 힘을 많이 얻으셨을 것이다.

우리 교인들 중에도 가까운 교회에서 새벽기도 하시는 분들이 제법 있다. 개척교회의 경우 안타까운 마음에 더 간절히 기도하신다고 한다. 그런 이야기를 들으면 예전 생각이 많이 난다. 그래서 꼭 말씀드린다.

"그 교회 목사님은 힘을 많이 얻으실 겁니다."

가끔은 돼지고기도 사들고 가셨으면 좋겠다. 목사 입장에서 함께 기도하는 성도는 큰 위로다. 멀리 떨어져 있어도 함께 기도제목을 나누며 기도할 때 우리가 교회임을 기억한다. 새벽에는 같은 본문을 낭독하고 기도하는 성도들의 모습에 힘을 얻는다. 가끔은 피곤하여 갈까 말까 갈등하다가도 성도들의 얼굴이 떠올려지면서 나오는 날도 있다.

예수님도 겟세마네 동산에서 고뇌에 찬 기도를 드리실 때 깨어 있지 못하는 제자들을 향해 안타까움을 토로하셨다. 함께 기도하는 동역자가 얼마나 중요한지, 공동체가 동일한 기도의 제목을 가지고 함께 기도할 때 얼마나 힘을 얻는지, 형제를 사랑하는 가장 구체적이고 본질적인 신비로움은 기도에서 나오는 것이라 생각한다. 기도, 깊음은 깊음을 부른다.

엉뚱한 기도

며칠 전 유빈이가 하나님께 기도했는데 왜 응답이 안 오는지 모르겠다고 했다. 아내가 무슨 기도를 했는지 물어봤더니 하루의 할아버지인 고 김홍준 집사님이 하나님나라에서 휴대전화로 자기에게 전화해 주시라 기도했다는 것이다.

몇 달 전에 돌아가신 김홍준 집사님이 병원에 누워 계실 때 유빈이를 데리고 아내와 함께 심방을 간 적이 있다. 그리고 미국에서 하루와 하린이가 왔을 때, 유빈이가 김홍준 집사님 댁에 놀러가서 뵌 적도 있는데 누워만 계시고 전혀 말씀을 못하시는 상태였다. 아이 마음 속에 내내 그것이 걸렸나 보다.

예전에 가끔 감자탕 가게에 가면 김 집사님은 우리 아이들을 데리고 나가 마트에서 간식거리를 사 주시곤 하셨다. 미국에 있는 손주들이 기억나셔서 그러지 않으셨을까 생각을 했는데 그 덕택에 우리 아이들이 좋은 추억을 갖게 되었다. 집사님이 오랜 시간 투병하시고, 또한 전혀 말씀을 못하시는 모습을 보니 혼자서 안타까웠던 것 같다.

유빈이는 하나님나라에도 휴대전화가 있어서 하나님이 김홍준 집사님에게 유빈이에게 전화 좀 하라고 하시면 그것이 가능하다고 생각했던 모양이다. 그래서 기도해 놓고는 며칠 동안 전화가 오기를 기다렸던 것이다. 아내는 왜 그것이 불가능한지 설명하느라 진땀을 뺐다.

응답이 오지 않아도 계속 기도할 수 있을까? 기도한 것이 이루어지지 않아도, 이해되지 않는 상황이 많이 펼쳐져도 계속해서 하나님을 신뢰할 수 있을까? 전지전능하신 분이 그냥 고개 한 번 끄덕여 주시면 많은 것이 바뀔 텐데 왜 응답을 안 하실까? 상담가, 변호사, 의사와 각종 전문가로 둘러싸인 세상 한복판에서 기도한다는 것은 어떤 의미가 있는 것일까?

수많은 문제, 아픔, 상처, 질병 등을 안고 살아가는 세상에서, 기도를 부탁 받거나 기도해도 당장에 응답이 오지 않는 상황 속에서, 무력함을 느낄 때가 있다. 하지만 기도한다는 것 자체가 하나님의 선하심을 인정하는 신뢰의 행위가 아닐까! 그렇다면 기도로 무릎 꿇는 삶과 태도 그 자체가 귀한 것이 아닐까, 하는 생각을 유빈이의 기도를 통해 돌아보게 된다.

그나저나 정말 전화가 온다면 이 녀석은 무슨 말을 하고 싶었던 것일까?

참여

1부 '새소망예배'는 노숙인이나 공공근로 하시는 분들, 삶이 어려운 분들이 아침 7시에 모여 드리는 예배다. 이 시간에 음악을 통해 하나님이 허락하신 풍성함을 누리고자 3년 전부터 1년에 한 번 음악회를 연다.

지난 주일 이탈리아에서 성악을 전공하신 민덕홍 집사님이 직접 연미복을 입고 떨리는 마음으로 노래를 불렀고, 권민정, 김기애, 김춘옥, 노인옥, 배미경 다섯 분의 집사님이 기타를 연주하며 평소 연마한 실력을 보여 주셨다. 시온 성가대에서도 그동안 준비한 찬양을 부르며 함께 위로를 나누는 시간을 가졌다.

이번 음악회가 조금 더 특별하게 다가온 것은 1부 예배에 참석하시는 노숙인 형제 두 분이 함께 참여했기 때문이다. '내 주를 가까이', '옷자락에서 전해지는 사랑'을 불렀는데 가사 하나하나가 큰 울림이었다. 회중석에서 어떤 분은 연신 눈물을 훔칠 정도로 특별한 감동을 누렸다.

예배든 모임이든 행사든 그냥 손님으로 다녀가는 것과 자신이 직접 참여하는 것은 정말 다른 일이다. 가령, 대표기도를 맡았다면 예배를 준비하는 마음이 남다를 수밖에 없다. 찬양, 설교, 봉사도 마찬가지다. 몇 달 전부터 수요 오전 예배의 찬양 인도를 자원해서 하고 있다. 번거로움도 있지만, 15분 정도 찬양을 인도할 때 예배에 대한 감동이 남다르다.

최근 한 형제가 생일 선물로 유광점퍼를 안겨 주었는데, 내가 응원하는 팀이 '플레이오프'에 올랐으나 직접 입고 응원할 기회를 놓쳤다. 야구 소식을 기사로 접하는 것보다 직접 현장에서 응원하고 소리치며 그 분위기와 바람을 타는 것은 전혀 다른 일이다. 세상 경험도 그러한데 영과 진리를 다하는 예배는 더할 수밖에!

한 사람을 초대하는 일, 또한 복음을 전하는 일은 우리 시대에 쉽지 않은 일이다. 정현종 시인의 말처럼 '한 사람이 온다는 건 실은 어마어마한 일'이다. 구경꾼의 자리에서 직접 참여하는 자리로 옮겨 살아간다면 그 어마어마한 일을 맛보며 즐거움을 나눌 수 있다. 마지막 소망이라 생각하고 예수님의 옷자락을 만지며 그 능력을 경험했던 여인의 감동, 분명히 일생일대의 큰일이었을 것이다. 군중 가운데서 '겪어본 자'만이 알 수 있는 감동이 있다.

결국, 사람

요즘 이삿짐 차량을 많이 본다. 성도들 중에도 수원이나 다른 동네로 이사 가신 분들이 있다. 함께 새벽기도의 자리를 지키던 분들도 보이지 않는다. 오가며 인사를 나누던 선영빌라 주민들도 이사 가셨거나 이사 예정인 분들이 많다. 교회당 건물은 언제 허물어질지 모르고, 임시 처소 역시 정해진 내용이 없다. 앞으로 3~5년은 지역 상황과 더불어 목회도 예측하기 어렵다.

이런 상황 속에서 이번 주일부터 목자 훈련을 시작한다. 매월 첫째 주일에 오후 예배가 끝난 후 모이기로 결정했다. 조별로 나눔을 갖고 교회 상황을 공유하고, 경건에 관한 훈련의 방식들을 나누며, 한 달 동안 실행할 과제를 나누어주게 될 것이다. 결국, 교회는 사람이다. 건물 중심의 신앙생활을 내려놓고 어디서든지 목양을 감당할 수 있는 좋은 목자로 훈련 받도록 하는 것이 목표다.

새 가족 환영회 때 교회에 등록하게 된 과정을 듣게 되었다. 다양한 경로가 있었지만 결국 사람이다. 건물 보고 오신 분은 없었다. 사실 동네 안쪽에 있어서 잘 보이지도 않을 뿐만 아니라 편의시설도 부족하다. 그런데 인도자를 만나 중요한 결단을 내리고 다가오며 함께 성장한다.

건물을 지어 올리는 것보다 사람을 세워 나가는 것이 훨씬 더 어려운 일이자 중요한 일이다. 우리가 서로 목양의 관계에 있다는 사실을 목자도 양들도 놓치지 않는다면 훈련의 방향과 방식이 자연스럽게 결정될 것이라 생각한다.

스스로 자원해서 알아서 한다면 가장 좋을 것이다. 하지만 목회를 해 보니 그렇게 되는 경우는 거의 없다. 나 또한 마찬가지다. 가정을 책임지며 교회대표이기 때문에 그에 맞는 판단을 내려야 할 때가 많고, 그러는 와중에 성장하기도 한다.

목자 훈련을 진행하기 위해서 내가 먼저 준비되어야 한다는 사실을 잘 알고 있다. 내가 하지도 않으면서 그렇게 하자고 제안할 수 없는 노릇이다. 때로는 시범도 보여야 하고 시행착오도 나누어야 한다. 나 역시 2년 동안 구역장을 감당해 보니 쉽지 않았다. 구역장의 고충과 부담을 수용하는 과정이 있었다. 구역장 훈련을 통해 좋은 목자에 대한 인식을 공유하고 함께 연습하고 훈련하여 곳곳에 좋은 목자들이 세워지기를 기대한다.

구역 예배

주일 저녁에 우리 집에서 구역식구들과 예배를 드렸다. 올해는 한 달에 두 번 모이되 집을 방문하여 한 번은 토요일, 한 번은 주일 저녁에 모이기로 했다. 주일 오후에 귀가하여 아내는 떡국을 준비하고 나는 청소를 담당했다. 시간이 되어 어린아이들을 데리고 구역식구들이 속속 방문한다. 교회에서 만나는 것도 반가운 일이지만 집에서 만나는 것은 또 다른 반가움이 있다.

구역을 처음 맡고 나서 지난 2년 동안에는 삶을 나누며 교제하는 일에 많은 시간을 보냈다. 그동안 구역식구들의 삶 가운데 수없이 많은 일들이 일어났다. 그 일들로 인해 함께 울고 웃으며 고민하고 기뻐하고 기도했던 시간들이 모여 관계 형성이 이루어졌으며, 말씀이 삶에 어떤 영향을 미치는지 살펴보는 계기가 되었다. 혼자 말씀을 듣고 끝내는 것보다 서로 대화를 나누고 삶을 나누는 과정에 말씀이 더욱 뿌리를 내리며 서로 많은 영향을 주고받는다는 것을 깨닫는다.

나는 20대 초반부터 사역을 시작했기 때문에 소그룹의 일원이 되어 본 적이 없다. 그래서 어색한 면이 더 많다. 그 어색함 속에서 나의 부족함이 드러나기도 하는데 그래서인지 지금도 강단에서의 설교보다 소그룹에서의 대화가 더 부담스럽게 느껴진다. 집을 개방하고 음식을 준비하고 예배를 준비하는 일은 누군가의 수고를 통해서만 진행된다. 평소와 다른 특별한 만남과 나눔이 집안에서 이루어지는 것을 반기며 아이들은 은근히 구역예배를 기다린다.

환대와 섬김은 구원을 이루어가는 통로가 된다. 헌금을 걷고, 성경 읽은 장수를 확인하는 것은 세심하지 않은 나에게는 또 하나의 과제였는데, 거의 자원하다시피 총무를 맡은 자매가 지혜로운 방법으로 수고를 덜어 주었다. 구역장 혼자 다 하는 것이 아님을 새삼 배운다.

구역예배를 마친 후, '카카오톡 단톡방'에 글이 올라왔다. 예배드린 기억보다 아내가 준비한 떡국 생각이 더 난다는 자매의 글이 의미심장하게 다가왔다. 하긴 나도 2009년 '제일소망교회'를 사임하고 난 뒤 예배드렸던 기억보다 노숙인 예배를 마치고 봉사하는 분들과 함께 먹던 눌은밥 생각이 더 진하게 났다. 주차장에서부터 김이 모락모락 나고, 가마솥에 끓이는 국 냄새는 온 몸의 감각을 자극했다. 어쩌면 성도들도 내 설교보다 주일 점심을 더 좋아할 수도 있겠다는 생각이 든다. 둘 중 하나라도 맛있으면 된 거다.

3

바람 불어와도 기도하며 걷네

위로와 도전과 감동을 건네는 동역의 사람들

향산교회 신은성 목사님

사경회를 준비하면서 어떤 분을 강사로 섭외할지 고민을 많이 했다. 첫 번째 조건은 하나님의 말씀을 올바로 해석하고 강해할 수 있는 분이어야 한다. 두 번째 조건은 돌아다니면서 부흥회를 인도하는 전문적인 강사가 아니라 본인의 교회를 충실하게 돌보는 분이어야 한다. 이런 점을 염두에 두고 여러 목사님들을 리스트에 올려놓았다. 그중에는 상담과 치유 전문가도 있고, 꽤 인지도가 높은 분도 있었다. 섭외가 될지 안 될지 모르지만 무작정 올려놓았다.

사실, 처음부터 모시고 싶었던 분은 '향산교회'의 신은성 목사님이었다. '향산교회'는 내가 '제일소망교회'로 청빙을 받기 전 2년 동안 섬겼던 교회다. 담임목회를 시작할 때, 첫 번째 사경회 강사로 신 목사님을 모시기로 결심했다. 하지만 은근히 부담이 되었다. 내가 잘 알고 있는 분을 모셔 오면 혹시라도 내 입지 강화를 위해 모셔 온 것이라는 편견을 가질 수도 있기 때문이다. 그런 이유로 처음에는 리스트에 올리지 않았다. 하지만 어느 순간 신 목사님은 어떤 사심을 가지고 말씀을 전할 분이 아니라는 사실을 떠올리게 되었다. 나와 친밀한 관계를 드러낸다 하더라도 나의 입지를 강화시키기 위해 말씀을 전하실 분이 아니라, 하나님을 두려워할 줄 알아 하나님이 주시는 말씀을 성도들에게 전해 주실 것이라는 확신이 들었다.

'향산교회'에서 사역할 당시 주일과 수요예배 때면 맨 앞에 가서 말씀을 들었다. 사실 부교역자가 맨 앞에서 말씀을 듣는 것이 쉽지 않다. 뒤에서 챙기고 확인해야 할 일들이 많이 발생하기 때문이다. 또한 피곤한 상황이 많기 때문에 졸기라도 하면 성도들에게 죄송한 마음이 들어서 되도록 뒤에 앉으려 한다.

하지만 나는 이런저런 생각을 다 물리치고 맨 앞에 가서 말씀을 들었다. 말씀을 통해 내가 회복되고 채워지고 있었으며 말씀이 꿀송이같이 달았기 때문이다. 말씀을 통해 내 앞에 하나님이 계시는 것 같은 임재와 영광을 누렸다. 덕분에 지난 2년 동안 무척 행복했다. 사역을 즐겁게 해서 행복한 점도 있었지만 말씀 때문에 행복했다. 어려운 일이 있어도 말씀의 능력으로 헤쳐 나가고 미래에 대한 소망을 붙잡기 시작했다.

내가 '제일소망교회'를 놓고 고민하던 시점에는 더 집중해서 말씀을 들었다. 말씀의 인도를 받아야겠다고 더 집중해서 들었는데, '제일소망교회'로 가야 한다는 세 번의 깊은 감동과 울림이 설교를 통해 전달되었다. 목사님 곁에서 평생 부목사로 사역하며 신 목사님을 모시고 싶은 마음이 강했지만, 목사님을 통해서 주시는 하나님의 말씀을 깨닫고 안양으로 올 결심을 하게 된 것이다.

가끔 담임사역에 비해 나의 부족함이 드러나 힘에 겨울 때면 도망치고 싶을 때도 있다. 하지만 그 당시 설교를 통해 나에게 주셨던 말씀을 다시 기억하면서 힘을 내고 있다. 아무런 사심 없이 순수하게 하나님의 말씀을 바라고 그 말씀을 기대하며, 우리 공동체에 필요한 말씀을 주실 것을 열망하는 시간이 되기를 기도한다.

지혜를 배우다

한 달 전쯤인가, 시찰 서기 목사님께서 매주 월요일 오전에 사모님들이 찬양 연습을 하는데 '제일소망교회'에서 공간을 빌려줄 수 있는지 연락을 하셨다. 가능하다고 해 놓고 깜빡 잊어버리고 말았다. 오는 4월 17일에 노회를 여는데, 매년 사모님들이 성가대가 되어 예배를 준비하고 찬양으로 섬기셨다.

아내에게 전달하지 못한 상황에서 지난 월요일인 3월 23일 오전에 조지영 사모님에게서 다급한 전화가 왔다. 아내 휴대전화기가 꺼져 있어서 나한테 한 것이다. 연습 첫날, '제일소망교회' 사모는 나타나지도 않고 교육관 불을 어디서 켜는지도 몰라서 당황한 몇몇 사모님들이 언짢은 마음을 조지영 사모님께 내색한 모양이다.

'아차!' 싶었다. 그 시간에 아내가 감기몸살로 병원에 가 있어서 연락이 안 되어 내가 교육관에 가서 대신 사과를 드렸다. 그리고 캔 커피와 음료수를 사서 드렸다. 내 나름대로 수습했다고 생각했는데 아내가 병원에 다녀온 후에 연습이 끝난 사모님들을 교회 마당에서 만났다. 아내가 인사를 드리는데 다들 표정이 안 좋으셨나 보다.

조지영 사모님과 대화를 나눈 아내가 집으로 들어와 다시 나와 이야기를 나누고는 많이 죄송하다며 지휘하시는 사모님과 통화하면서 다른 분들의 연락처를 다 알려 달라고 한다.

"다 전화하려고?"

"그럼, 일일이 다 전화로라도 사과드려야지."

아내의 대답에 나의 솔직한 심정을 드러냈다.

"그게 그렇게 화낼 일이야? 역정 내신 분들이 너무 과한 것 아닌가?"

아내를 말리려 했다. 그 정도 사과했으면 된 것이라고 생각했기 때문이다. 아내의 생각은 달랐다. 모두 연세가 많으신 분들이고 다들 어렵게 목회하시는 중에 시간을 내서 오셨는데, 집주인이 초대해 놓고는 다른 데 가버린 격이 되었으니 화내시는 것이 당연하다는 것이다. 오늘 당장 전화를 드리고 용서를 구하는 것이 맞다고 덧붙인다.

나는 다른 사람의 마음을 헤아리는 부분이 많이 부족하다. 내가 사과하고 음료수를 드린 것으로 '어느 정도' 해결되었다고 단순하게 생각했던 것이다.

'에이, 참 사모님들 너무 하시네. 그렇게 화낼 일인가?'

음료를 드리면서도 사실 이런 생각도 조금은 했다.

'왜 그렇게 다들 속이 좁으신 거야?'

나중에 아내에게 한 행동을 보면서 이런 생각까지 들어 오히려 짜증이 났다. 하지만 아내는 달랐다. 그날 바로 일일이 전화를 드리고, 안 받으시는 분들에게는 정중하게 사과의 문자를 보내 드렸다. 아내의 행동에 사모님들이 오히려, '뭐 이런 일로 전화까지~' 하면서 감정을 푸셨다고 한다. 아내에게 지혜를 배운다.

내가 사랑하는 성경

지난주에 '은혜와진리교회' 조용목 목사님을 모시고, 아홉 분의 목사님들과 대화를 나누는 시간을 가졌다. 한참 후배인 안양 지역의 목사님들이 궁금한 부분들을 질문하고, 그 질문에 대해 답하면서 자연스럽게 목회 철학과 살아온 여정들을 나눠주셨다.

10만여 명이 모이는 초대형 교회 담임목사님이라 처음부터 영적 카리스마가 대단할 것이라 생각했는데, 조근조근 말씀하시는 목사님을 가까이에서 뵙고 보니 굉장히 소박하고 따뜻한 분이셨다. 여의도에서 10년, 안양에서 32년, 총 42년의 목회 경험이 녹아 있는 말씀이었기 때문에 처음 목회를 배워가는 나에게는 무척 값진 시간이었다.

"내가 사랑하는 성경에서는 이렇게 말합니다."

가장 기억에 남는 내용은 이렇게 표현한 대목에서다. 목회와 삶의 모든 원칙과 근간을 성경으로 삼고, 그것을 바탕으로 소신 있고 강직하게 살아오신 분임을 알게 되었다.

정치인들은 '여론'에 귀를 기울이다 보니 이리저리 말을 바꾼다. 회사를 경영하는 사람들은 시장 조사를 통해 '사람들이 원하는' 것이 무엇인지 찾아내어 물건을 만들어 낸다. 하지만 목사들은 절대로 타협하면 안 된다고 말씀하신다. 우리 목회자에게는 전할 말씀이 이미 주어져 있다고 강조하셨다. 그런 의미에서 가장 안타까운 부분이 목회 성공을 위해 성장 세미나를 열고 그곳을 기웃거리는 목회자들이다. 목사들은 하나님의 말씀을 올바로 전하는 것이 목적이라고 하시면서 교회가 성장하고 안 하고는 하나님이 하실 일이라고 분명하게 선을 그어 주셨다. 자신에게도 목회 성공 비결을 질문하는 교계의 지도자들이 많고, 그런 자리에서 설교할 기회들이 많은데, 자신은 그런 자리에 가면 '목회에는 성공 비결이 없다는 것을 깨달은 것이 비결' 이라고 말하면서 분위기를 깬다고 하신다.

특별히 순복음교단에서 그동안 강조해 온 '번영 신학'의 잘못된 점을 조목조목 비판하셨다. 이 부분은 순복음교단에 대해서 내가 가지고 있던 편견을 깨뜨리는 계기가 되었다. 이 또한 조용목 목사님이 '내가 사랑하는 성경'에서 읽으셨기 때문에 가능한 비판이라 생각한다.

또한 목사님은 교인을 정말 사랑하시는 분이다. '목사는 엄마다', 이런 철학을 가지고 계시다. 아이를 위해 집에서 밥을 따뜻하게 준비하고, 학교 다녀왔을 때 부르면 바로 대답해 주는 엄마가 최고 좋은 엄마라고 하셨다. 엄마가 유명해서 밖에서 보내는 시간이 많으면 사회적으로는 인정받을지 모르지만 아이들에게는 좋은 엄마는 아닐 것이라는 거다. 그러면서 당신이 외부 집회를 되도록 가지 않으려는 이유가 성도들이 교회 왔을 때 담임목사인 자신이 강단에 앉아 있어야 편안함을 느끼기 때문이라고 하신다.

그동안 대형 교회에 대해 가지고 있던 비판적인 시각, 순복음교단의 독특성과 교리적인 차이 때문에 가졌던 편견 등이 이번 기회에 많이 깨졌다. 성경을 사랑하고, 성령 하나님을 사모하는 순수한 열정을 마음에 새긴다. 나도 목숨이 다하는 날까지 변하지 않고 성경을 사랑하고 성도를 사랑하는 목사가 되기를 다짐해 본다.

'햄스터급' 사역자

지난주에 강시내 전도사님이 사임했다. 몇 주 전부터 나와 아내가 유진이에게 이 사실을 어떻게 알려야 할지 고민이 되었다. 유진이가 특별히 사랑하는 전도사님이기 때문이다. 유진이가 안양에 와서 적응하지 못하고 힘들어할 때, 유치부 담당이던 전도사님이 늘 사랑으로 감싸 주고 가끔씩 데리고 여기저기 다니면서 소중한 추억을 쌓게 해 주었다. 전도사님이 준 선물이 아까워서 몇 달째 포장된 채 놔둘 정도로 전도사님에 대한 유진이의 마음도 극진했다. 유진이가 교회에 올 때면 사무실에 들러 전도사님을 만나고 가는 것이 소원이었을 정도다. 작년에는 엄마를 강 전도사님으로 바꿨으면 좋겠다고 해서 당황하기도 했다.

주일 밤 교역자들과 대화를 나누다가 사무실에 이용관 전도사님이 햄스터를 키우고 있다는 이야기를 듣게 되었다. 놀라서 '왜 키우고 있냐?'고 물었더니, 강 전도사님이 사임하면 그 상실감 때문에 유진이가 너무 힘들어할 것 같아서 유진이에게 햄스터를 선물로 주려고 키워 왔다는 거다. 이용관 전도사님도 정이 많아 상실의 아픔을 크게 느낀다. 자신도 그러하니 유진이의 마음을 배려한다고 작은 동물을 선물로 준비한 것이다.

사역자들끼리 그 부분을 나누다가 감동을 받았는데, 다들 유진이가 햄스터로 인해 마음의 위로를 얻고 상실감을 극복했으면 좋겠다는 바람을 나타내 주었다. 이런 이야기가 오고가는 가운데 유현석 전도사님이 한 문장으로 모든 것을 정리해 주었다.

"그럼 강시내 전도사님은 '햄스터급' 사역자네요."

다들 웃음이 '빵' 터졌다.

강시내 전도사님을 어떻게 햄스터와 비교하겠는가? 그 자리는 누구도 대신할 수 없겠지만, 그래도 햄스터를 보면서 이별의 아픔을 달래라고 마음을 써 준 것이 고마웠다. 강 전도사님도 그런 따뜻한 마음으로 우리 가족에게 위로를 많이 주었다. 개인적으로 내가 어려운 시간을 보내고 있을 때, 현실적이고 객관적인 조언을 많이 해 주어서 상황을 평가하고 판단할 수 있는 안목을 열어 주기도 했다.

상실과 아픔과 고통이 살벌하게 살을 에는 이 세상에서 '신앙이 좋다'는 의미를 묵상하게 된다. 누군가에게 따뜻함과 배려를 남기고, 인격과 선한 성품으로 사람들의 얼어붙고 이질적이고 굳어진 마음들을 녹이는 사랑을 베푸는 것이 아닐까 생각해 본다.

김병년 목사님 '난 당신이 좋아'

김병년 목사님을 처음 접한 것은 신문을 통해서다. 2011년 기독교 신문에 실린 가슴 아픈 이야기를 보게 되었다. 뇌경색으로 쓰러진 사모님을 대신하여 아이들을 유치원과 학교로 보내느라 새벽 4시부터 분주하다는 개척교회 목사님의 이야기가 마음을 저미도록 울렸다. 개척교회 현실 자체도 감당하기 어려운 고통의 연속인데 사모님 병수발과 세 아이들을 키우는 목사님의 이야기에 가슴이 아팠다.

밥을 짓다가 아이들을 깨우고, 아이들을 깨우면서 아내에게 밥을 주고, 집을 청소하다 설교 본문을 떠올리며, 잠도 제대로 못 자고, 밤새 아내의 기저귀를 갈아야 하는 뒤죽박죽된 그런 삶

_ 목사 김병년의 '바람 불어도 좋아' 중에서

'이런 삶을 과연 인간이 감당할 수 있을까?'

김 목사님에 관해 처음 접한 기사에는 이런 인터뷰 내용이 나와 있었다.

"아내의 병이 고쳐질지 궁금했고 기도도 열심히 했습니다. 하지만 하나님은 완성된 시나리오를 주시지 않고 하루치 대본만을 주십니다."

하루치 대본을 붙들고 충실하게 감내해야만 하는 고통의 현실이 마치 내 일인 것 같아 가슴이 아팠다. 더군다나 개척교회 현실을 누구보다 잘 알고 있는 나로서는 무엇인가 내가 도울 일이 있다면 좋겠다는 생각을 하게 되었다.

그 이후에 목사님의 저서인 '난 당신이 좋아'를 읽게 되었다. 많이 울었다. 당시 나는 부목사 시절이었지만, 돈이 생기는 대로 그 책을 사서 고통 중에 있는 분들이나 전도 대상자에게 나눠주면서 권면했다. 고통 앞에서도 당당하고 솔직한 목사님이 좋았다. 몇 년 지난 뒤, 안양에 와서 목사님의 그 다음 책 '바람 불어도 좋아'를 읽게 되었다. 고통에 대한 더 깊은 신학과 통찰이 녹아 있는 책이다. 무조건 믿고 기도하면 낫는다는 거짓 복음과 위장술이 난무하는 세상 가운데 문제를 해결하는 능력이 아니라, 인간의 고통 속으로 들어와 함께 살고 계시는 하나님 이야기가 너무 좋다.

고통스러운 삶 한복판에서 가족, 이웃과 엮어 가는 살맛나는 이야기를 지금도 SNS를 통해 풀어내신다. 이 땅에서 소외되고 고통 가운데 있는 사람들을 향해 눈물을 흘리시는 목사님을 사경회 강사로 모시게 되어 감사할 뿐이다.

바람이 불어왔다. 그리고 그 바람 때문에 중심이 이동했다. 나에게서 하나님께로, 우리에게서 그분께로, 삶에 부는 바람으로 모든 인생이 흔들리게 마련이지만, 결국에는 그분 안에 더 깊이 뿌리를 내린다. 겉은 흔들려도 땅에 뿌리내린 속사람은 점점 견고해져 간다. 그래, 우리는 살아간다. 바람이 불어도, 가지가 부러져도 새로운 싹이 나고 태양을 향하여 뻗어 오른다. 깊이 내린 뿌리는 오늘도 생명의 열매를 맺는다.

_ 목사 김병년의 '바람 불어도 좋아' 중에서

신앙의 완성

신학대학원 시절에 존경하던 교수님을 뵈러 얼마 전 방배동에 간 적이 있다. 이런저런 대화를 두 시간 정도 나누고 문 앞에서 인사를 드리고 나와 내가 1층에 도착하자 그제야 2층에 있는 교수님 연구실의 철문 닫히는 소리가 났다. 그것도 아주 조심스럽게 살짝 닫히는 소리였다. 제자가 가는 모습을 계속 보고 계셨던 것이다. 대화를 나누면서 배우게 된 신학과 삶에 대한 통찰, 그것보다 더욱 진한 감동이 밀려왔다. 그 찰나의 경험은 교수님의 인격이고, 그동안 그분으로부터 배운 신학과 삶이 거짓이 아니라 아름다운 사실임을 확증시켜 주었다. 신학은 박사 논문이 통과될 때 완성되는 것이 아니라 제자를 배려하기 위해 조용히 철문을 닫는 그 자리에서 완성되어 가는 것이라는 생각이 들었다.

'오래된 것들은 다 아름답다'에 보면 이런 내용이 나온다.

건축이란 건축가가 설계한 건물을 완공함으로 이뤄지는 게 아니라 그 속에서 살게 되는 거주자의 삶으로 이루는 것이다.

_ 건축가 승효상의 '오래된 것들은 다 아름답다' 중에서

이 건축가는 건축물의 물리적 완공을 목표로 하는 것이 아니라, 그 건물에서 살아갈 사람들의 삶까지 내다보고 있다. 건물의 공간에 따라서 사람들의 삶의 양식이 달라진다는 것이다. 건축가의 이런 시야를 빌리자면, 우리 그리스도인들은 신앙과 신학의 완성이 책상에 있는 것이 아니라 삶 속에 있다는 사실을 기억해야 할 것이다.

최근 부흥 사경회를 인도하신 김병년 목사님과 식사 교제를 하면서, 그리고 목양실에서 대화를 나누면서 많은 것을 느끼고 생각하게 되었다. 목사님의 책을 읽으면서 감동과 건강한 신학을 발견했는데 설교단상에서는 책에 없던 천둥 소리를 들었다. 사자후를 토하며 예수 그리스도가 우리 신앙의 본질임을 천명하셔서 많은 분들이 은혜를 받고 흐느껴 우는 모습을 보았다.

설교의 감동과 영향력은 책을 많이 읽어서도 아니요, 책이 많이 팔려서도 아니다. 그분의 삶과 인격에 토대를 두고 있기 때문이다. 고통스러운 삶의 현실을 놓고 끊임없이 질문하고 하나님과 대화를 나누고 불편하지만 그 삶을 '기꺼이' 감당하는 목사님, 오랜만에 '고수'를 만났다.

부흥 사경회 마지막날 밤 새벽에 이런 문자를 보내오셨다.

"목사님, 앞으로 10년을 더해도 나이 쉰이 안 되네요. 긴장하지 말고

맘대로 목회하세요. 잘 주무서요."

목사님의 문자에 이렇게 답문을 보내 드렸다.

"목회, 피 흘려야 된다면서요. 너무 길게 남았네요. ㅋㅋ"

하나님이 언제 부르실지 모르지만, 계산대로라면 목회 여정이 너무 오래 남아서 따로 헌혈을 안 해도 될 것 같다. 함께 신앙의 완성을 향해 격려하면서 가고 싶은 마음이다.

떠난 자리

임찬래 목사님과 조지영 사모님 가정을 그리워하며

인천공항에서 다시 안양으로 돌아왔는데, 이미 방축 사거리에 이르렀는데, 마음이 벌써부터 허전하다. '새마음교회' 간판이 없어지고 흰색 승용차도 더 이상 보이지 않는다. 가끔 지나가다 차가 보이지 않으면 '어디 출타하셨나 보네', 차가 있으면 '혼자 책 보고 계실까?' 궁금해하곤 했는데, 이제는 계속 차가 보이지 않을 것이라고 생각하니 이상하다. 아내는 공항에서 눈물을 쏟고 말았다. 나는 담담히 두 가지만 말씀드렸다.

"건강하시고, 잘 버티세요."

시간을 거슬러 올라가 2008년이 거의 끝나갈 즈음이다. 임찬래 목사님이 전임전도사로 오셨다. 최익성 목사님께서 임찬래 목사님을 면접하는 자리에 나도 동석하게 되었다.

"자네, 이거 할 수 있나?"

"컴퓨터는?"

"운전은?"

"찬양 인도는?"

여러 가지를 질문하실 때, '다 할 수 있다'고 특유의 충청도 사투리로 자신 있게 대답하시는 모습에 일을 정말 잘하시는 분이라고 생각했다. 나중에 알고 보니, 조지영 사모님이 더 잘하는 영역이 많았다. 임찬래 목사님 대답은 아내가 잘 도와주기 때문에 할 수 있다는 말이었다. 아무튼, 최 목사님은 긍정적이고 자신감 있는 사람을 좋아하셔서 면접이 통과되었고, 임찬래 목사님과 나는 같은 사무실에서 일하게 되었다.

김철수 목사님과 나는 우리보다 연배가 훨씬 높은 임찬래 목사님을 후임으로 두었기 때문에 '함부로' 대할 수 없었다. 서로 존중하면서 일을 가르쳐 드리고 사역의 짐을 나누었다. 1년 동안 별 탈 없이 사역하다가 연말에 김철수 목사님은 개척을 하느라, 나는 캐나다로 가느라 사임하게 되어, 임찬래 목사님이 사무실의 '선참'이 되었다.

내가 사임할 때 임찬래 목사님은 무척 서운해하셨다. 여섯 살이나 어린 나를 선배이자 선임이라고 존중해 주면서 더 많이 배우고 싶었는데 이렇게 빨리 떠나서 아쉽다고 했다. 그 후로는 가끔 연락만 주고받다가 안양으로 돌아오면서 목사님과 사모님을 다시 만나게 되었다. 교회 개척을 고민하시던 목사님께 '제일소망교회'에서 1년 정도 더 계시면서 교회 개척을 준비하시라고 말씀드렸다.

하지만, 목사님은 내가 '제일소망교회'로 다시 오면서 사임하시고 개척을 하셨다. '매도 먼저 맞는 게 낫다'는 심정으로 먼저 고생길을 택하신 것이다. 둘 다 담임목사가 되었지만, 나는 규모가 있는 교회를 맡았고 임찬래 목사님은 성도가 한 명 있는 상황이었다. 서로의 상황을 비교하면 만남 자체가 거북할 수 있었지만 목사님 부부와 우리 부부는 친구처럼 오가며 만났다. 가끔은 교회 옥상에서 삼겹살도 구워 먹고, 조금 우울한 날이면 교외로 나가 커피도 함께 마시곤 했다. 노회 목사님들과도 어울리기 어렵고, 동기들과도 멀리 떨어져 있는 외로운 나는 임찬래 목사님이 편한 친구 같았다. 목사님도 무슨 이야기든 나와 주고받을 수 있는 관계가 되었다. 가끔은 부럽기도 했다. 그래서 내가 이런 말도 했다.

"난 목사님이 부럽다. 설교 준비하느라 읽는 책 말고, 한 달에 한 권 책을 처음부터 끝까지 읽기도 어려운데, 목사님은 시간이 많으니까 호계도서관 가서 하루 종일 책만 봐도 되지 않느냐?"

배부른 소리나 거만한 소리로 들릴 수도 있었지만 목사님과 나와의 관계는 이미 그런 것을 뛰어넘었기에 편하게 이야기를 주고받았다.

먹을 것이 없으면 라면을 많이 드셨던 목사님, 형편을 아는 아내는 예온이를 생각해서 우리 집에 음식이 들어오면 꼭 예온이네를 먼저 챙겼다. 노숙인도 힘들어서 올라가지 않는다는 5층으로 부지런히 음식을 나르기도 했다. 숨을 헉헉거리면서 이곳을 매일 올라갈 목사님 식구들을 생각하면 속이 답답해지기도 했다.

많이 외로울 때도 있었을 것이다. 나도 사역이 바쁘면 정신없이 지내느라 몇 주간 보지 못할 때도 많았다. 가끔 목사님과 커피를 마시다가 대화하는 중에 졸기도 했다. 그만큼 내 몸은 피곤했고 내 마음은 목사님이 편했다.

'혼자 있는 시간을 잘 이겨내셔야 할 텐데, 그러면 좋은 자양분을 얻을 텐데!'

'좀더 자주 만날 것을, 좀더 자주 같이 식사할 것을!'

몇 달 전 비자 승인이 떨어진 날, 아내와 사모님이 통화를 하고 유진이에게 그 사실을 알려 주었다. 유진이는 그야말로 '대성통곡'을 했다. 그동안 사모님에게 일주일에 며칠 피아노도 배우러 다녔고 손재주가 많은 사모님을 유진이가 유독 따랐기 때문이다. 임 목사님 가정이 출국하는 날, 유진이가 그 장면을 보지 못하도록 일주일째 서울로 보내 놓고 있다. 언젠가는 알게 되겠지만 그래도 마지막 장면을 보이고 싶지 않았기에 아내와 함께 고민하다가 내린 결정이었다.

떠나기 전 몇 주 동안 계속 외부에서 밥을 먹을 수밖에 없었던 목사님과 사모님을 배려해서 출국 전날 저녁에 아내가 정성껏 '집밥'을 해서 같이 먹었다. 그때까지도 실감이 나지 않았다. 하지만 공항에 다녀온 이후, '새마음교회' 앞을 지나면서 쓸쓸함이 무엇인지 조금 알게 되었고 지금 그 슬픔을 삭인다.

이제 시찰회에 함께 갈 친구가 없다. 가끔 만나서 속내 털어놓을 수 있는 따뜻한 한 사람을 멀리 떠나보냈다. 아내 역시 가장 가까운 친구를 보내야 했다. 나보다 더 만날 사람이 없는 아내는, 그래서 오래전부터 더 힘들어했다. 하지만, 아내는 알고 있다. 하와이로 가시는 것이 여러모로 사모님에게 더 좋다는 사실을 말이다. 사랑할 시간이 얼마 남지 않았음에도 많이 남은 것처럼 여유를 부렸다. 그래도 좋은 추억을 많이 만들었으니 하나씩 회상하면서 목사님 가정이 잘되기를 기도한다. 어느 가수가 '가을엔 떠나지 마라'고 했는데 가을에 떠났다.

30평을 반 쪼개서 사택 겸 거실 겸 예배당 겸 부엌 겸 식당 겸 쓰던 그 공간, 겨울이 되면 유독 추웠다. 칼바람이 들어왔고 아이들은 늘 감기를 달고 살았다. 목사님은 집에서도 늘 두꺼운 점퍼를 입었다. 난방비용을 아끼느라, 아니, 아낄 만큼 여유도 없고 같이 부대낄 사람이 없어서 더 추웠을 것이다. 나는 정신없고 바쁘다는 핑계로 그 어려움을 더 깊이 공감하지 못했다. 추운 겨울이 오기 전에 떠났으니 잘되었다고 애써 나를 위로한다. 더군다나 사계절 따뜻한 하와이로 갔으니 이젠 추위 걱정할 일 없어서 다행이다 싶다. 혹독한 3년을 뒤로하고, 그곳에서는 더욱 행복하게 살기를 간절한 마음을 담아 적어 본다.

목양실 책상에 앉았는데, '떠난 자리'로 인해 일이 손에 잡히지 않는다. 그곳 빈자리에 마음 따뜻한 가족이 있었다. 3년 동안, 우리의 친한 친구들이 있었다. 정을 나눈다는 것은 마음을 도려내는 듯한 상실감을 초래할 수도 있음을 또 하나 배운다.

그날 이후로 나는 그분이 아는 것을 알고 싶었다

미국의 저명한 목회자인 찰스 스윈돌 목사님이 신학교를 다닐 때의 일이다. 재정적 압박을 겪는 와중에 유산의 위기로 아내를 잃을 수도 있다는 두려움까지 덮친 이중고 속에서 누군가 자신을 위로해 줄 사람을 찾고 있었다고 한다. 복잡하게 얽힌 두려움과 좌절감을 떨치기 위해 발버둥칠 때, 하워드 핸드릭스 교수님이 어깨를 다독이며 자신이 겪은 유산의 아픔과 부부가 그 슬픔을 어떻게 극복했는지 이야기하면서 위로해 주셨다고 한다. 이후, 그가 이런 말을 했다.

"그날 이후로 나는 그분이 아는 것을 알고 싶었다. 왜냐하면 그분이 나를 진심으로 염려하고 걱정하는 것을 알았기 때문에."

지난 사경회 때 류호준 교수님과 개인적으로 많은 대화를 나눌 기회가 있었다. 목회하면서 쌓인 고민들과 개인적인 신앙의 의문점을 나누는 과정에서 교수님은 자신의 경험과 목회 노하우를 신학의 틀 안에서 매우 간결하게 제시해 주셨다. 교수님의 삶과 여러 이야기를 통해 많은 통찰력을 얻게 되었고, 지성과 감성이 자극되었으며, 얽히고설킨 실타래가 쫙 풀리는 것 같은 시원함이 있었다. 이 과정을 통해 교수님을 인간적으로 조금 더 이해하게 되었다. 최근에 교수님의 저서들을 정독하면서 삶과 인격과 신학이 책 속에 그대로 녹아 있음을 발견했다. 가끔 SNS를 통해 교제를 나누는 것이 나에게는 감사한 일이다.

유태화 교수님은 신학대학원을 다닐 때부터 소통을 즐겨하셨던 분이다. 아내와 연애하던 시절에 힘든 일로 장문의 메일을 보낸 적이 있다. 친절하게 답장해 주셨고, 그 메일을 십수 년이 지난 지금도 여전히 간직하고 있다. 여전히 목회적인 고민이 있을 때면 언제든지 구체적인 도움과 답변을 주고 계신다. 교회의 배려로 이번 3월부터 석박사 과정에 입학하게 되었다. 유태화 교수님으로 인해 '조직 신학'을 전공으로 택했다. 찰스 스윈돌 목사님과 동일한 심정이다.

"그날 이후로 나는 그분이 아는 것을 알고 싶었다. 왜냐하면 그분이 나를 진심으로 염려하고 걱정하는 것을 알았기 때문에."

신학과 목회, 교리와 삶, 신앙과 인격은 서로 분리될 수 없고, 인격은 삶과 목회와 신학을 더 빛나고 아름답게 만드는 도구가 된다는 사실을 두 분 교수님을 통해 배운다. 하나님 말씀을 듣는 것과 다른 사람을 세심하게 섬기는 것을 결합한 성품으로서의 '윤리'가 실종되고 신학적 '권위'가 땅에 떨어진 이 시대에, 여전히 신학을 설교하며 살아 내는 분들이 계시다는 사실 덕분에 마음 든든하다.

이용관 전도사님

"목사님, 함께 앉은 모습 간직할게요. 너무 기쁘고 좋아요. 가슴이 찡하네요. 그 이후로 몸과 마음이 많이 회복되었습니다."

지난 10일에 이용관 전도사님이 SNS에 올려놓은 사진을 '카카오톡'으로 보내주고는 문자로 회신이 왔다. 이용관 전도사님은 담임목사가 된 후 내가 처음 뽑은 사역자다. 유치부 파트타임 전도사 공고를 낸 적이 있는데, 대부분 여자 전도사님들이 이력서를 낸 가운데 마지막에 유일하게 남자 사역자 이력서가 들어와서 호기심이 발동했다. 당연히 여자 전도사님을 뽑아야 되지 않을까 생각했지만 유치부에 '남자면 어때?' 하는 역발상으로 면접을 보게 되었다. 아이들과 소통할 수 있을 것 같은 순수함과 열정과 솔직함에 마음이 끌렸다. 면접을 볼 때, 목소리가 조금 떨렸지만 오히려 그 점이 더 정직하게 다가왔다.

열심히 섬기는 모습을 보면서 전임 자리가 비었을 때 '일시적인' 전임 사역을 권면했다. 야간 신학대학원에서 목회학 석사 과정을 밟고 있었기에 조금 무리가 되겠다 싶었지만, 교회에서 숙식하면서 새벽 차량운행까지 혼자서 씩씩하게 일을 감당했다.

2015년 본격적으로 전임 사역을 시작하면서부터는 부족한 모습도 많이 노출되었다. 산만한 면이 없지 않아서 놓치거나 실수하는 부분들 때문에 몇 차례 혼나기도 했다. 하지만, 그 부분에 대해서 자신을 채찍질하고 더 많은 노력을 기울였다. 그런 모습을 보면서 앞으로 발전 가능성이 많다고 봤다.

가끔 유치부 아이의 이름을 대면서 어떠냐고 물어보면 성실하게 대답해 준다. 아이들을 숫자로 보지 않고 인격으로 대한다는 의미다. 나는 이것이 목회의 기본이라고 생각한다. 그 아이가 말씀을 잘 듣고 있는지, 태도는 어떤지, 집안 상황은 어떤지, 어떤 부분을 놓고 기도해야 하는지 알고 이끄는 것이다. 이런 소통이 이루어질 때 설교나 심방, 목회와 여타 프로그램 등이 더 의미 있고 효과적이다.

이용관 전도사님은 실제로 현재의 모든 사역자들보다 '선임'이다. 선임이 텃세를 부렸다면 지금 사역자들이 적응하는 데 어려움이 있었을 것이다. 하지만 전혀 그런 것이 없어 보였다. 그 점을 고맙게 생각한다. 물론 유 강도사님은 이용관 전도사님이 '나름' 텃세를 부렸는데 우리가 모르고 지나친 것일 수도 있다고 한다. 많이 웃었다. 이용관 전도사님 때문에 웃을 일이 많다.

최근에는 '큰꿈어린이집' 원장님의 요청으로 매주 수요일에 어린이

집을 방문해서 성경 이야기를 들려준다. 어린이집 아이들 명단을 받아 놓고 그 영혼들을 위해 진심으로 기도하고 복음을 전해 주라고 권면했다. 직접 보지는 못했지만 아이들이 좋아한다는 이야기를 전해 들었다.

이번 주에 이용관 전도사님이 강도사 인허를 받았다. '이용관 강도사님'이라는 호칭이 아직은 어색하다. 최근 염색한 헤어스타일이 멋지다. 목회와 삶도 멋지게 감당하기를 기도한다.

동네 교회 목사

지난주에 동네 교회 목사님들과 만나서 교제를 나누었다. '천우교회' 장재우 목사님의 섬김으로 '호계교회' 조영춘 목사님, '석천교회' 정성구 목사님과 함께 네 명의 동네 교회 목사들이 시간을 맞추고 한자리에 모이게 된 것이다.

교회 규모는 조금씩 다르지만 3대 후임목사인 '호계교회'를 제외하고는 2대 후임목사라는 점, 담임목회를 30대 후반에서 40대 초반의 비교적 이른 나이에 시작하였으며, 나이가 모두 40대라는 공통점이 있다. 조영춘 목사님과 나는 얼마 전 위임식을 마쳤고, 다른 두 분은 조금 더 일찍 사역을 시작하셨다.

교단적인 배경이 다른 목사들이 한자리에 모일 수 있었던 것은 '동네 교회 목사'라는 공통점 때문이다. 장재우 목사님의 이야기를 들어 보니 안양에서 40년 이상 살면서 이렇게 네 교회 목사가 한자리에 모인 것이 처음이라고 한다.

조영춘 목사님은 선비나 신사 같은 분위기가 있는 것 같고, 장재우 목사님은 현대적인 감각이 뛰어난 분인 듯하다. 정성구 목사님은 언제든지 같이 순대국밥 먹으면 좋을 것 같은 소탈한 형님 같은 분이다. 특히 프로야구단 LG트윈스의 '골수팬'이라는 사실을 확인하고 뜨거운 '동지애'를 느꼈다. 그럼 내 스타일은? 판단은 독자의 몫으로 남긴다.

목사들 참 재미없다. 만나서 하는 이야기가 결국은 목회 이야기다. 그런데 그렇게 재미있을 수 없다. 공감의 영역이 넓고, 다른 교회의 형편이 우리 교회를 객관적으로 들여다보는 창구 역할을 한다. 야구, 정치, 자녀들 교육 이야기가 양념처럼 조금 섞여 동네 주민으로의 친근감을 더해 주었다. 목회 방향에 있어서 조금씩 지향점이 다르지만 지역 사회에 도움을 주는 교회가 되기 위해 부단한 노력을 하고 있다는 점에서는 공통분모를 가지고 있었다.

앞으로, 더욱 진실한 우애를 기반으로 지역 사회를 효과적으로 섬기는 방안을 모색하는 관계가 되면 좋겠다. 적자생존의 세상에서 이기적인 경쟁이 아니라, 모두가 공존하고 각 교회의 특징이 선한 향기가 되어 지역 사회에 아름다운 울림이 되면 좋겠다.

한참 수다를 나누다가 앞으로 분기별로 한 번씩 만나기로 했다. 제일 형님인 정성구 목사님이 밥값을 계산하더니 준비한 선물을 나눠주었다. 이 모임에서도 역시 나는 제일 막내다. 그나저나 그 어떤 화려한 수식어보다 '동네 교회 목사'라는 모임의 이름이 마음에 든다.

교역자와의 관계

월요일에 함께 공부하는 동료들이 대부분 파트나 전임을 맡은 교역자들인데, 담임목사에 대하여 성토하는 이야기를 많이 듣는다. 그럴 때마다 침묵 모드를 유지한다. 일부분 합당하기 때문이다. 반대로, 담임목회를 하는 분들과 대화하면 함께 사역하는 교역자들에 대한 성토가 이어진다. 교역자들은 좋은 담임목사를 만나기 어렵다 하고, 담임목사는 좋은 교역자들을 만나기 어렵다 한다.

둘 사이는 건널 수 없는 강인가? 역할의 차이에서 오는 긴장과 부담을 감수할 수밖에 없는가? 착한 목사로 남을 것인가? 교회를 위해 악역을 맡아야 하는가? 어디까지 함께할 수 있고, 어떤 부분에 경계가 필요한가? 기준은 어느 정도로 잡아야 하고, 어디까지 품을 것인가? 끊임없이 이어지는 질문에 확실한 대답을 내리기 어렵다. 부모와 자식의 입장이 다르고, 회사를 경영하는 사장과 직원의 입장이 다르듯 같은 기준으로 비교할 수 없다. 마찬가지로, 공동체 안에서도 역할과 지위에 따라 취하는 입장과 발걸음이 다를 수밖에 없다.

전임 최익성 목사님은 큰 틀에서 문제가 생기지 않으면 거의 간섭하지 않으셨다. 그래서 '제일소망교회'에서 6년 전임으로 있을 동안에 하고 싶은 사역을 마음껏 시도해 보았다. 창의적으로 시도하고 모험하고 도전한 일들이 많다. 일의 분량과 맡은 역할은 굉장히 많았지만, 내가 하고 싶은 사역을 펼쳤기 때문에 스스로 만족했고 목회가 즐거웠다. 돈은 아내가 더 벌었지만, 아내는 신나게 일하는 나를 부러워했다.

그렇게 15년을 부교역자로 살았다. 이 오랜 경험들 때문에 그런지 '이러면 안 되는데' 하는 부분이 보이면 참 괴롭다. 평소 남에게 싫은 소리, 부담 주는 소리를 못하는 편이지만 교회와 그 사람 자신을 위해 때로는 단호한 결정과 강한 질책을 내리기도 했다. 떠난 이들에 대해서는 항상 마음의 부담을 가지고 있다. 가끔은 궁금해서 연락도 한다.

지난 화요일에 먼 지방을 다녀왔는데 운전하면서 아내와 많은 대화를 나누었다. 아내는 오래전부터 떠나는 교역자들과 좋은 관계를 맺을 수 있게 해 달라고 기도한다고 했다. 고마웠다. 올라오는 길에 임창정의 '소주 한 잔'을 듣고 있는데 이런 가사가 들려온다.

여보세요. 나야, 거기 잘 지내니?

딱 내 심정이다.

드레스 코드

"내일 오후 5시 송년모임을 합니다. 재미를 추가하기 위해 드레스 코드를 정하겠습니다. 드레스 코드는 빨간색입니다. 전체가 빨간색이거나 일부 빨간색이 들어간 타이, 스웨터, 남방, 조끼, 카디건, 양말, 파카, 모자 등 다 가능합니다. 다만 속옷은 확인하기 민망한 사항이므로 안 됩니다."

지난 금요일 '안양목회포럼' 회원들과 송년모임을 가졌는데, 이미 사전에 서기 목사님에게서 드레스 코드에 관한 안내 문자를 받았다. 소속감과 재미를 위한 기획이라 생각했는데, 새로 사기도 그렇고 시간도 없어서 궁리하다가 검은 양복에 빨간 넥타이 하나 매고 참석했다. 목사님들마다 개성을 살려 빨간 스웨터와 카디건, 목도리와 넥타이 등을 착용하여 멋지게 입고 오셨다.

'안양목회포럼'은 작년부터 가입하여 활동하고 있는 모임으로 두 달에 한 번씩 공부하고 교제한다. 안양에서 잔뼈가 굵은 목사님들이 모여 마음을 터놓고 대화를 나누는 자리다. 강신욱 목사님이 위기와 어려움을 겪었을 때, 유일하게 소통하면서 회복할 수 있었던 모임이라고 하면서 나에게도 몇 번이나 가입을 권면했다.

목사들도 속마음을 털어놓아야 산다. 최근에 자살한 가수도 속에서 고장 났지만 철저하게 혼자였다는 사실을 유서를 통해 밝혔다. 미국에서 오랜 시간 자살 방지를 위해 애써 오신 유명한 목사님도 스스로 목숨을 포기했다. 우울증을 앓고 있는 이들, 자살을 결심한 이들을 상담하다 본인이 마음의 병을 얻은 것이다.

개인적으로 올 한 해는 소그룹의 중요성을 실감한 해였다. '풍성한 삶의 초대'와 '첫걸음', 그리고 '기초' 과정을 그룹이나 1대1로 경험하는 가운데, 말씀을 자신의 상황 속에 적용하고 나누는 것의 능력을 경험했다. 개인적으로 많은 변화를 경험한 한 해가 아닌가 싶을 정도로 소그룹의 매력을 느꼈다.

교회 조직에 관해 구역장 수를 줄이고 구역식구를 조금 더 많이 구성할까 생각하다가 오히려 구역장 수를 더 늘리고 조금 더 세분화하는 방향으로 선회했다. 다행히 구역장으로 지원하시는 분들이 많아서 기존 50개 구역에서 내년에는 63개의 구역으로 출발한다. 개인적으로 나도 구역장을 감당하고, 강원석 목사님은 부부 구역을, 박승열 전도사님은 남성 한 구역을 책임지기로 했다.

주일에 한 번 모여서 예배만 드리는 '집단'이 아니라, 서로 사랑하고 우정을 나누는 복된 '가족'이 되기를 기대한다. 성격과 취향이 다르고 교제의 범위도 다 다를 것이다. 낯을 많이 가리거나 금방 적응하거나 개성이 강하거나 내성적이거나 드러나거나 등 저마다의 특성도 다르다. 또한 나이와 직업과 고향과 살아온 배경 또한 서로 다르다. 하지만 우리의 드레스 코드는 예수 그리스도, 그분으로 옷 입고 변화되어 세상에서 누룩처럼 은밀한 정체성을 드러내어 전부 부풀게 하는 은혜가 있기를 소망한다.

하나님나라 복음 네트워크 갱신 팀

지난 월요일, '하나님나라 복음 네트워크 갱신 팀' 모임을 우리 교회에서 가졌다. 처음부터 건축하는 일도 쉽지 않겠지만, 기존의 것을 갱신해 나가는 과정 역시 어렵다. 전통과 하나님나라 복음 사이에 존재하는 수많은 긴장과 딜레마와 내상을 함께 나눌 때 치유와 도전이 새롭게 일어난다.

서로의 목회 경험담을 나눌 때에는 나의 상황을 조금 더 객관적으로 살펴보는 기회가 주어진다. 이미 임한 하나님나라를 받아들이고 함께 목회하기 때문에 각자의 토양은 조금씩 다르겠지만, 목회의 본질을 고민하는 내용들이 모아져 서로에게 풍성해진다.

두 가지 이야기가 기억에 남는다. 신림동에서 3백 명 규모의 교회에서 목회하시는 목사님이 자신의 교인들이 먼 곳으로 이사 가서 교회를 옮기는 경우, 비슷한 규모의 교회를 선택하지 않고 결국에는 초대형 교회를 선택하더라는 것이다. 그리고 그 지역으로 새로 이사 와서 유입이 된 성도들 역시 교회를 '간을 보듯', '쇼핑하듯', 다니다가 등록은 하지 않고 결국에는 큰 교회로 간다고 하셨다.

신림동이나 안양이나 비슷하다는 생각이 들었다. 더불어 새로운 신자의 유입을 기대하는 것도 좋겠지만, 교회가 복음을 전하는 방식에 있어서 진정성과 더불어 어떤 방향으로 가야 할지 고민을 계속해야겠다는 생각이 들었다.

한 목사님은 최근에 겪었던 고통을 나누며 기도제목을 내놓으셨다. 10월에 열릴 예정인 교회의 중요한 행사를 다 취소하셨고 분위기가 많이 가라앉았다고 한다. 시간이 지나면 조금씩 회복이 되겠지만, 모든 사건들이 돌고 돌아 결국에는 목사의 잘못이 아닌가 자책하는 그 모습을 보면서 내 아픔처럼 느껴졌다. 똑같은 목회 현장은 없지만, 동일한 가치와 비슷한 문제로 고민하며 공유하는 관계 속에서 서로의 존재만으로도 든든하고 격려가 된다.

벚꽃이 피면 사람들이 소풍을 가요
노란 개나리가 피면 곤충들이 먹이를 찾아가요
산에 들에 예쁜 꽃이 피면 모두모두 행복해져요

우연히, 지난 봄 유치원에서 유빈이가 써 온 글을 읽으며 마음이 밝아지는 것을 느꼈다.

상처와 고통이 많은 세상에 살고 있지만, 보이지 않는 하나님나라가 교회를 통해 가시적으로 드러날 때면 여기저기 예쁜 꽃이 피어난다. 그 열매가 드러날 때 진정한 행복이 다가오지 않을까 기대한다.

그리움을 그리움으로 묻어 두는 계절을 지나고 있다.

동역자 수양회와 축구

축구하면서 비참한 기분을 느껴 보긴 처음이다. 분위기상 아무도 지원하지 않는 골키퍼 자리에 자원하여 골문을 지켰다. 전반 15분 동안 3대0으로 우리 팀이 앞서갔다. 한 골도 내주지 않았기에 내심 의기양양했다. 대전을 중심으로 남쪽과 북쪽으로 팀을 나누고 보니 한눈에 봐도 젊고 잘하는 이들이 남쪽에 몰려 있어 열세라고 생각했는데, 의외로 우리 북쪽 팀이 세 골을 먼저 넣은 것이다.

후반전이 시작되기 전에 음료수를 마시며 삼삼오오 모여 대화를 나누면서 입담 좋은 목사님들 덕에 실컷 웃었다. 이기든 지든 서로 즐겁다. 어떤 이는 운동장에서 공이 자주 드나드는 나들목을 지키고 있는 이들이 실력자라 하고, 또 누구는 '풍삶기'까지 가지 않아서 축구 실력이 부족하다는 말도 한다. '하나님나라 복음 네트워크 갱신 팀'을 줄인 '하나복'에 대한 공감대가 형성되어 있기 때문에 계속 웃음꽃이 '빵빵' 터진다.

저질 체력을 안고 '올코트'를 뛰자 다들 전반 15분을 길게 느꼈다. 누군가 15분이 이렇게 긴데 30분 설교 듣는 성도들은 얼마나 지루하겠느냐고 해서 또 '빵' 터진다. 또 다른 이는 설교 시간에 조는 사람이 있으면 조는 만큼 '인저리 타임'을 적용하여 그만큼 설교 시간을 늘려야 한다고 해서 또 웃었다.

후반전이 시작되었다. 반대편 골대를 향해 걸어가면서, 3대0으로 이기다가도 3대4로 질 수 있는 게 축구니 정신 차리자 했다. 그러면서도 '설마 지겠어?' 했다. 하지만 후반전에 들어서면서 상대편은 전혀 다른 팀이 되어 있었다. 개인기도 훌륭했고 팀플레이에 의한 골 결정력이 탁월했다. 결국 15분 사이에 다섯 골을 허용했다. 내가 지키던 골문은 너무 넓어 보였고 몸은 움직여지지 않았다. 비참한 기분이었다. 내가 몇 번 선방했더라면 최소한 동점은 되지 않았을까 하는 마음에 동료 선수들에게 미안했다.

축구가 워낙 과격하다는 것을 알기에 시작하기 전부터 다치지 않는 것이 제일 중요하다고 서로 강조했다. 목사들이 거의 대부분 운동 부족 상태기 때문에 준비 체조로 몸을 풀 때부터 탄식과 신음소리로 아우성이 터져 나왔다. 잠시 몸 푸는 것조차 마치 대단한 운동이라도 하는 것처럼 다들 힘겨워했다.

기초 체력, 죄와 비참, 나들목, 공동체의 중요함을 몸으로 다시 익힌다. 단순히 목회 지식과 정보를 공유하는 차원을 넘어서 우리의 모임이 새로운 또 하나의 공동체라는 사실을 몸으로 친히 배운 것이 이번 수양회의 큰 소득이다.

류호준 교수님

양재동의 한 공간. 존경하는 류호준 교수님의 은퇴를 기념하여 제자들과 동문들이 모여 들었다. 모이고 보니 선배와 동문, 그리고 그간 온라인을 통해서만 연락을 주고받던 이들과도 기쁜 만남의 시간을 가졌다.

식사 후에 동영상을 보는데, '마이 웨이' 배경음악과 더불어 교수님의 젊은 시절 그리고 사역과 삶을 담은 사진들이 한 장씩 지나간다. 바람 부는 길 위에서 기도하며 걸어온 교수님의 발걸음, 그 한 장면 한 장면에 함께 공감하거나 탄성을 지르기도 웃음꽃이 피기도 울컥하기도 했다.

신학대학원 시절에 교수님에게서 '시편'과 '이사야'를 배웠다. 원문을 직역하여 읽어 주실 때, 부르짖는 사자처럼 포효하는 말씀의 권위에 감동할 때가 있었다. 이제는 추억 속의 공간이 되었고 교수님은 방배동을 떠나셨다. 그 안타까움이 제자들을 더 뭉치게 한 것 같다.

신학대학원 시절에는 교수님과 깊은 교제를 누리지 못했지만, 청빙 받는 과정에 교수님이 결정적인 역할을 하셨고, 처음 가 보는 그 길에서 교수님은 친절한 안내자처럼 몇 가지 지침을 주셨다. 서른여섯의 어린 목사가 감히 생각하지 못했던 내용들은 충격 속에 다가왔고, 그 가르침을 지키려 나름 애를 써 왔다. 또한 사경회와 위임식 때 주신 말씀, 그리고 식사 교제를 통해 얻은 귀한 교훈은 아직도 자양분으로 남아 있다. 끝나고 돌아오는 길에 아내가 교수님은 정말 뿌듯하고 행복하시겠다는 이야기를 한다. 제자들이 자발적으로 준비한 행사라서 더 의미 있고 뜻 깊은 시간이 되었다고 생각한 것이다.

23년 후인 은퇴한 교수님 연배가 되었을 때, 교회는 어떻게 변해 있을까? 은퇴 이후 나를 기억하는 이들은 무엇을 떠올릴까? 나는 무엇을 남길 수 있을까? 미풍이든, 세찬 바람이든 바람이 있을 수밖에 없는 그 길 위에서 그 바람을 맞으며 기도하는 삶은 도대체 무엇일까? 나는 기도하며 가고 있는가? 그건 그렇고 나는 끝까지 완주할 수는 있을까?

교수님은 은퇴 이후, 어떤 길을 걸어가실까? 길과 방향을 못 찾는 음식점 점주들에게 조언해 주는 기업인이자 요리연구가인 백종원 씨와 같은 역할을 하시면 어떨까 생각해 본다. 젊은 목사들에게 연륜 있는 안내자가 되셔서 교회도 더 살아나고 성도도 더 늘어나고 더 맛있는 설교도 나오도록!

우리 모두 사명을 끝까지 완주하면 좋겠다. 바람 부는 세상임에도 불구하고, 기도하며 이 길을 함께 걸었다고 고백하는 은혜를 기대한다.

친구 목사들

며칠 전, 오산대 입구역 근처에 교회를 개척한 친구 목사를 만났다. 새벽 4시부터 일어나 물류센터에서 근무한다고 한다. 12시에 퇴근하고 오후에는 목회와 관련된 일을 하는데 무척 행복해 보인다. 개척해서 안쓰럽다는 느낌을 받지 못했다. 절절거리지도 않는다. 자신은 '새벽형 인간'이라 일찍 일어나는 것은 힘들지 않다고 한다. 노동을 즐거워하고, 사람 만나는 것도 좋아한다. 함께 일하는 분들 중 두세 명을 전도하여 함께 예배드린다. 목사라서 전도가 통한 것이 아니라 일터에서 성실하게 노동하는 모습을 보면서 주변 사람들이 감동을 받은 것이다. 개척한 지 두 달밖에 되지 않았는데 30명 가까이 모인다고 한다.

또 한 친구는 나와 목회학 석사 동기다. 최근 '구약학'으로 박사 학위를 받았지만 목회를 할 생각이 없다. 여기저기서 제안을 많이 받았지만 정중히 사양하고 사업 쪽으로 생각 중이다. 사진 찍는 일을 워낙 좋아해서 공동체 안에서는 평범한 성도로 섬기기를 원한다.

두 친구 모두 진실하고 성실하다. 학부에서부터 신학대학원까지 함께 공부한 이후, 20여 년 만에 다시 만나 깊은 대화를 나누었다. 그동안 서로 걸어온 길이 다르지만 그래도 서로를 응원하고 축복할 수 있어서 고마웠다.

'몸을 사용하는 일이 힘들까?, 머리를 사용하는 일이 힘들까?'

가끔 부질없는 생각을 하곤 한다. 머리를 써야 하는 직업은 몸을 사용해서 마음 편한 이들을 부러워하고, 몸을 사용하는 이들은 편하게 앉아 머리 쓰는 이들을 부러워한다. 머리를 쓰든 몸을 쓰든 경제 활동을 하는 일, 가족의 생계를 책임지는 일은 고달픈 일이다. 상사 눈치도 봐야 하고 스트레스가 이만저만이 아니다. 젊은 사람은 은퇴 이후에 시간이 많은 사람이 부럽고, 시간이 많은 은퇴자는 젊어서 바쁘게 움직이는 삶이 부럽다.

삶의 무게는 고통의 무게이기도 하다. 이번 주는 '마태복음 27장'을 묵상했다. 십자가에 달리시기 전부터 온갖 모욕과 수난을 당하는 장면에서는 성경을 더 이상 읽기도 힘들 정도로 슬픔이 몰려온다. 갖은 수모를 어떻게 견디셨을까! 그 곁을 끝까지 지킨 여인들이 고마웠다. 고통의 무게를 함께 나눠 진 사람들, 그들처럼 나는 끝까지 예수님의 십자가 곁을 지킬 수 있을까? 툴툴거리다가도 새벽기도 하는 시간이 되면 예수님께 죄송한 마음이 든다. 애써 외면하고 벗어나려 하는 배신자의 피가 나에게도 흐르기 때문이다.

고통의 무게가 영광의 무게로 바뀔 수 있을까? 정직하게 고통을 대면하면서, 시류와 영합하지 않고 진실하게 그 길을 가며 노동하며 자기 몫을 감당하고자 하는 친구들을 보면서, 모든 것이 마음에 달려 있음을 깨닫는다.

개척교회 목사가 감히 밥을 산다고 하길래 들어가자마자 미리 계산해 두었다. 아버지 생각도 많이 났다. 누군가 우리 아버지 밥값을 많이 계산하셨겠지!

모잠비크 선교사님

지난 수요일 모잠비크에서 개척교회를 담당하는 이희정 선교사님의 간증을 통해 하나님나라의 기쁨을 누리며 그 유산을 함께 공유하는 시간을 가졌다. 8년 전 현지인 목사님과 결혼하고 2013년부터 개척교회를 섬기며, 물도 전기도 들어오지 않는 척박한 곳에서 시작된 신혼 생활과 교회 이야기를 들려주셨다. '과연 사람이 살 곳인가?' 생각되는 상황 속에서도 하나님은 일하고 계셨다.

이제는 조금씩 열매가 드러나고 있지만, 힘든 상황에서 울고 있을 때 소중한 후원이 연결되었다고 한다. 그 이후에 휴대전화를 잃어버려 제대로 연락도 못하고 흔한 선교 보고도 제대로 못했지만, 선교 후원이 계속 이루어진 것에 대해 깊은 감사의 마음을 전하셨다.

후원의 경위는 이렇다. 이희정 선교사님 ⇨ 존경하는 주일학교 선생님 ⇨ 선생님의 지인 권사님 ⇨ 권사님의 동료 권사님 ⇨ ⇦ 아내 ⇦ 나

⇦ 후원하고 싶은 집사님 가정. 즉, 하나님의 위로가 필요한 아프리카의 한 선교사님이 계셨고, 선교 후원을 하고 싶은 어느 집사님이 계셨는데, 그 중간에 서로 잘 모르는 다섯 사람의 연결고리가 있었던 것이다. 이 연결고리는 5년 이상 이어져 왔다. 우리가 알지 못하는 사이에 하나님은 척박한 모잠비크 땅에 놀라운 일을 행하고 계셨다.

모잠비크 현지에서의 감동을 '제일소망교회' 본당에서 성도들과 나누는 일이 쉽지 않고, 본당에서 받았던 감동을 '목동생각' 지면을 통해 성도들과 공유하는 일 또한 쉽지 않다. 하지만 우리 가운데 성령님은 여전히 일하고 계시며, 하나님나라는 진행되고 있기에 그것이 우리의 유산이고 기쁨이며 감동이다.

선교사님이 고등학교 때 아버지가 돌아가신 이후 어머니 혼자서 두 자매를 키우셨다. 믿지 않는 어머니에게 아프리카 흑인 목사와 결혼하겠다고 말한 장녀, 그 이후 모든 과정을 인도하신 간증에 대하여 우리는 그저 신비함과 경외감으로 바라볼 뿐이다. 내 목회의 보상이 이런 것이 아닐까 싶다. 사랑 담긴 성도의 물질과 돈을 선교현장에 연결해 주는 '유통업자'.

심는 사람에게 심을 씨와 먹을 양식을 공급하여 주시는 하나님께서 여러분에게도 씨를 마련하여 주시고 그것을 여러 갑절로 늘려 주시고, 여러분의 의의 열매를 증가시켜 주실 것입니다

_고린도후서 9:10 '필립스 성경'

'향산교회'에 관한 추억

캐나다 이민이 취소되고 1년 간 계획에 없던 휴식기를 가진 뒤, 2011년부터 2년 동안 서대문구에 있는 '향산교회'에서 교육 목사로 섬겼다. 가자마자 열흘 간 된통 앓았다. 새로운 문화에 적응하기 위함이었을까, 몸이 먼저 아프고 나서 3개월 정도 지나니 마음이 편안해졌다. 담임목사님의 설교는 영혼 깊숙한 곳을 파고들었다. 예배 때마다 맨 앞자리에 앉아 사모하는 마음으로 설교를 들었다. 설교가 나의 무너진 중심을 하나님 보좌 앞으로 이끌었고 그동안 겪은 고난의 의미가 해석되었다. 막힌 찬양이 터지며 깨어진 관계가 회복되었다. 아내도 어린 유진이를 안고 말씀에 집중하고 설교에 관해 서로 나누면서 은혜가 깊어졌다.

목사님은 토요일 밤 설교 준비로 거의 밤을 새우고 주일 새벽기도회에 나오셨다. 토요일 저녁에 귀가하면서 골목길에 환하게 켜진 목양실의 불빛을 보면 늘 죄송한 마음이 들었다. 목사님은 청각장애로 인해 성도들 그리고 교역자들과의 소통이 쉽지 않다. 심장 수술도 세 번이나 하셨기 때문에 새벽 설교 공석을 대비하여 늘 설교를 준비해 놓고 있어야 했다. 미술에 대한 조예가 깊으셨고, 식물과 나무와 그림 하나 하나를 즐겁게 감상하셨으며, 클래식 음악을 자주 듣곤 하셨다. 부교역자 때까지 생생하던 당시 나의 유머감각(담임목사가 되고 많이 제어하고 있지만?)은 목사님에게 큰 웃음을 드리곤 했다. 목사님은 마음을 나눌 수 있다며 항상 고마워하셨다. 나는 아내에게 목사님 은퇴하실 때까지 옆에서 도와드리고 싶다는 이야기를 진지하게 세 번이나 했다.

갑작스러운 청빙 제안은 그런 나를 혼란스럽게 했다. 당시 목사님은 '요한복음'을 강해하셨는데, 말씀을 통해 인도 받기 위해 더욱 말씀에 귀기울였다. 결과적으로 2년 만에 '향산교회'를 떠나게 되었다. 이후, '향산교회'는 재개발로 인해 많은 어려움을 겪었고 지금은 임시 처소에서 예배드린다. 어느 날 서대문구 지역을 운전하며 지나는데 원로목사님이 신축 교회당 건축 현장을 바라보시는 모습이 보였다. 90세가 넘은 원로목사님, 늘 인자한 얼굴로 나의 설교를 경청하셨던 어르신이다. 나는 '성전은 건물이 아니라'고 지금도 설교하고 있지만, 원로목사님이 목회하던 시절의 건물은 교회와 성전 그 이상의 의미였을 것이다. 모든 생애를 다 바친 교회당 건물이 허물어졌을 때 얼마나 마음이 힘드셨을지, 노구를 이끌고 또 다시 교회당이 지어져 가는 것을 바라보시는 모습이 눈에 선하다. 절로 눈시울이 붉어진다.

필요를 채우다

황영선 목사님이 얼마 전 대형 면허를 취득했다. 실버대학을 운영하다 보니 어르신들 모시고 야외로 나갈 상황들이 종종 생기는데, 스타렉스 몇 대 움직이는 것보다 교회 버스로 이동하는 것이 간편하다면서 자격증을 딴 것이다. 교회의 필요와 부족한 부분을 찾아 채워 나가는 모습에 감동을 받았다.

유선화 목사님은 예전에 개척하여 함께 예배하던 지체들이 다른 교회에 적응하지 못한다는 이야기를 들으며 올해 고심을 많이 하더니, 결국 그분들과 다시 예배를 드리기로 결정하고 사임을 결심했다. 개척의 방향을 고심하던 중에 주일이면 비는 어린이집을 빌려 예배드릴 수 있는 상황이 되어 무척 기뻐하셨다. 누군가 자신의 공간을 내어 줌으로써 방황하던 예배자들의 필요가 채워졌다.

성성미 목사님은 한 해를 돌아보면서 1부 '새소망예배'를 위해 반주

한 것이 제일 감사하다고 한다. 비어 있는 자리를 스스로 채워 예배를 풍성하게 했기 때문일 것이다.

강원석 목사님은 연말이 되면 더욱 바빠진다. 교역자의 이동 시기와 맞물려 후임이 정해지지 않은 부서와 업무를 도맡기 때문이다. 늘 묵묵히 빈자리를 채워 준다. 과묵하지만 한결같은 사람이다. 5년 동안 부족한 나를 많이 도와주어 늘 고맙다. 아끼던 후배 한동원 전도사님은 갑작스럽게 사임이 결정되었다. 그동안 예배와 관련하여 부족한 부분들을 채워 주었다. 어디에서도 강한 책임감으로 부족한 부분을 채우는 사역을 할 것으로 기대한다.

공동체 안에는 누군가의 섬김으로 채워져야 할 영역이 많이 있다. 연말이 되면 어떻게 채워 가야 할지 고민이 많아진다. 11월에서 바로 2월로 넘어가면 좋겠다. 한 해를 마무리하고, 새롭게 출발하는 시간들은 고민과 판단과 결정이 과도하게 집중되어 버거운 업무를 감당해야만 한다.

성도 한 명이 한 가지의 봉사를 하면서 서로를 충만하게 채워 나가면 좋겠는데 쉽지 않다. 과부하가 걸리지 않도록 조정하는 것이 나의 역할인데 늘 미안한 마음이 가는 분들이 있다. 밥이라도 사 드리며 격려해야 마땅하지만 내 몸매를 생각해서 참는다.

ZEN

4

책에서 깨닫고 일상에서 배우다

사소하지만 깊은 단상들

엄마, 교회다! 십자가는 하트야~

폭력이 일상화된 사회에 살고 있다. 소통이 활발히 일어나는 곳에서도 신학적인 색채와 정치적인 입장이 다르면 상대방의 의견뿐 아니라 인격과 그의 전 생애를 난도질한다. 중요한 정치적인 안건이 등장할 때마다 국론이 분열되고 입장이 첨예하게 대립된다. 상대방의 인격과 사상을 전체적으로 검토하거나 존중하는 예의를 찾아보기 힘들고, 자신만의 빈약한 잣대를 가지고 평가하거나 무시해 버리는 일들이 종종 발생한다. 이것은 엄연히 폭력이다.

어떤 입장이든 상반된 입장이 있을 수밖에 없다. 상반된 입장은 서로의 부족한 부분을 채워 줄 수 있는 통로가 되기도 한다. 건전한 비판의식은 중요하다. 하지만 상대방의 의견을 끝까지 듣고, 올바로 이해하고 존중하는 풍토 속에서 공방을 벌이는 것이 성숙한 모습이다.

지난주 교역자 수련회를 통해 우리는 세 분을 만났다. 백석예술학교에서 젊은 청년들에게 복음을 전하는 조 크리스 교수님, 김제에 있는 80년 역사를 가진 교회에서 목회하시는 김성수 목사님, 인구 30만 도시 원주에서 어린이전도협회 소속으로 18년 동안 어린이들에게 복음을 전해 온 엄순남 전도사님.

그분들을 대하면서 공통적으로 발견한 것은 '사랑에서 나오는 열정'이다. 열정이 있다는 것은 중요하다. 하지만 그것이 어디에 근거한 것인가는 더 중요하다. '상대방을 진심으로 사랑하는 열심'은 감동을 준다. 소통과 존중이 있으며 배려하는 마음이 있기 때문이다.

"엄마, 교회다! 십자가는 하트야~."

며칠 전에 유진이가 그림을 그리다가 갑자기 외쳤다. 교회에 대해 이런저런 고민을 나누던 아내와 나는 한 방 얻어맞은 기분이었다. 풀기 어려운 숙제들이 한순간에 풀리는 것을 경험했기 때문이다. 여섯 살 아이도 알고 있는 사실을 어른들은 왜 깨닫지 못할까 생각하며 웃었다. 그래서 고민하던 내용을 다 접고 잠자리에 들었다.

유진이는 교회 건물을 상징하는 십자가를 그린 후에 하트로 감싸놓았다. 그렇다. 십자가는 사랑이다. 십자가에서 하나님은 우리의 신분과 운명과 체질을 바꿔 주셨다. 그 은혜를 받은 자답게 서야 할 것이다. 여유를 가지고 사람을 대해야 할 것이다. 모든 이들에게 친절해야 할 것이다. 정죄와 비판과 원망과 불평은 인격 속에 담아 녹이고, 감사와 기쁨과 성숙함을 누려야 할 것이다. 십자가를 통해 하나님이 우리 공동체를 진리 안에서 하나되게 하시고, 풍성함과 자유를 누릴 수 있는 은혜를 주시기를 기대한다.

땅콩 박사

'땅콩 리턴' 사건으로 재벌가의 '갑질' 횡포가 여론의 도마 위에 오르는 것을 보니 마음이 좀 울적했다. 연관성은 없지만 이번 주에는 '땅콩 박사'를 읽었다.

'땅콩 박사'는 흑인노예로 태어나 혼란스럽고 피폐한 세상의 냉대와 편견이라는 악조건을 뚫고 전 세계를 감동시킨 조지 워싱턴 카버의 숭고한 삶을 잘 그려낸 책이다. 인종 차별의 벽 앞에서 여러 번 무너져 자포자기하기 쉬운 삶이었다. 그러나 자신이 있는 곳에서 자연과 사람을 사랑하고, 따뜻한 마음과 겸손한 마음을 가지고 정직하게 자신의 삶을 일구어 나간 주인공의 이야기가 한 장 한 장 넘길 때마다 감동으로 다가왔다.

조지 워싱턴 카버는 땅콩을 연구하여 1백여 개가 넘는 음식을 만들어 내고, 3백 개 이상 되는 제품을 생산해 가난한 농민들의 삶을 풍성하게 해 주었다. 돈과 명예를 가질 기회가 많았지만 그는 자신이 발명한 것들을 사람들에게 무상으로 나눠주었고 그것을 기쁨으로 생각했다. 빈부귀천과 인종에 상관없이 그는 모든 사람 앞에서 겸손하고 정직하게 살았으며 사랑의 마음을 가지고 대했다.

삶에 대한 이런 따뜻한 자세가 그를 미국 역사에서 존경 받는 위인으로 만든 것이 아닌가 생각해 본다. 돈이나 권력이 그 사람을 위대하게 만드는 것이 아니다. 사람들을 따뜻하게 대하고, 관심과 정성과 사랑을 기울여 주는 사람, 겸손하고 정직하게 그리고 묵묵히 자신의 역할을 감당하는 사람이 존경 받는다.

이런 말이 있다.

'종업원을 함부로 대하는 사람은 절대 성공할 수 없다.'

자신에게 이익이 되거나 신분이 더 높거나 거래할 만한 사람에게 잘해 주고 신경 쓰는 것은 누구나 할 수 있는 일이다. 하지만 겸손하고 정직한 사람은 자신보다 신분이 높거나 그렇지 않거나 동일하게 대한다.

그리스도인들은 강자 앞에서 약해지고 약자 앞에서 강해지는 사람이 아니다. 성경은 '객과 고아와 과부'에게 관심이 많다. 소외되고 연약한 지체들에게 우리는 더 관심을 기울여야 한다. 날씨가 추워지면 생활고에 시달리는 사람들의 삶은 더 어려워진다. 추위 가운데 고생하시는 분들을 위해 따뜻한 커피라도 대접하는 용기가 있었으면 좋겠다.

이 책 '땅콩 박사'(대한기독교서회)를 추천 도서로 강력히 권한다. 연말 선물용으로도 좋을 것이다. 어린이를 위한 책도 있으니 꼭 사서 읽도록 하면 좋겠다. 겸손한 사람이 되어 하나님이 이 땅에 심어 놓으신 복과 은혜를 마음껏 발견하고 누릴 수 있는 사람들로 성장하도록 도와주시길 기도한다. 겨울이 가기 전 이 책을 읽으면서 '하나님나라를 살아내는 것이 무엇인가?' 깊이 고민해 봤으면 한다.

목사의 딸

최근에 '목사의 딸'이라는 책을 읽었다. 저자의 아버지 박윤선 목사님은 세계 최초로 성경 전체 주석을 완간하신 분이고, 수원에 있는 합동신학교에서 많은 목회자를 양성하신 한국 교회의 거목이다. 저자는 서문에서 이런 이야기를 한다.

아버지는 '하나님의 은혜'라는 표현을 많이 사용하셨지만, 정작 그 은혜를 이웃과 함께 누리는 데는 무감각하셨다. '하나님의 은혜'가 아니라 당신의 '결사적 노력'으로 '그분만을 위해' 살았다. 아버지는 하나님과 인간의 관계를 군신관계로 이해하여 죽기까지 '충성'으로 일관하셨다. 이는 하나님을 근본적으로 오해한 것이다. 아버지 곁에 있으면 아버지의 그 일편단심을 감탄하게 되지만, 언제나 '죽을 죄인'인 나를 부둥켜안고 나도 불행하고 내 이웃도 불행하게 만드는 불

행한 종교인이 될 수밖에 없다. _ 목사 박혜란의 '목사의 딸' 중에서

저자는 한국 교회의 거목으로서의 박윤선이 아니라 '인간 박윤선', '아버지 박윤선'을 우리에게 보여 준다. 신학의 오류는 설교의 변질을 낳고 삶의 왜곡을 초래한다. 한국 기독교는 기존에 우리 민족이 가지고 있던 유교나 불교로 대표되는 종교심과 샤머니즘, 기복신앙 등이 결탁하여 혼합된 종교를 만들어 내는 경우가 많았다.

그중의 하나가 영적인 것과 육적인 일을 나눠서 이분법적으로 사고하는 것이다. 그것이 교회와 세상을 나누고 거룩한 것과 속된 것을 나눈다. 하나님에 대한 사랑과 충성과 열심에 비해 이웃에 대한 관심과 약자에 대한 배려와 섬김에 대한 진리는 감추어 버려서 균형과 분별을 잃어버리고 왜곡되고 변질된 신앙이 자리 잡도록 했다.

율법주의는 은혜의 복음을 놓쳐 버려서 비난과 정죄를 낳는다. 교회 직분을 계급으로 치환시키고, 신앙의 본질과 씨름하는 것을 제쳐두고 서로 가면을 쓰고 연극하면서 세상과 적당히 타협하면서 살아가도록 한다. 율법의 수레바퀴에 가둬 놓고 진정한 자유와 안식과 기쁨을 잃어버리게 하는 모순된 현실이 이 저자의 슬픈 가족사 안에 고스란히 담겨 있다. 책을 읽으면서 가슴이 아팠던 이유는 이것이 한 가정만의 슬픈 역사가 아니라, 한국 교회와 우리의 심성 안에 깊이 박혀 있는 변질된 신앙의 내용들이기 때문이다.

가족들이 주고받는 상처는 삶을 통해 어떻게 드러나는지, 기독교 신

앙은 그 상처에 어떻게 반응하기 원하는지 책은 묻고 답한다. 그래서 추천한다. 명절도 다가오는데, 우리 가족들 간에 수없이 얽혀 있는 문제들과 아픔에 대하여 우리는 어떤 입장과 행동을 취할 것인가를 깊이 고민해 보는 시간이 되었으면 좋겠다.

사랑의 첫걸음은 상대방의 입장에 나 자신을 투영하는 노력이다. 그것은 상대방을 이해하는 과정으로 인도한다. 상대방의 형편과 처지 그리고 성격과 생각을 이해할 때 비로소 사랑이 서로 간에 흐르기 시작한다. 내가 옳다는 생각, 내가 신앙적으로 우위에 있다는 생각은 상대방을 상하게 하고 사랑의 흐름을 막아 버린다.

_ 목사 박혜란의 '목사의 딸' 중에서

마카로니 아저씨

지난 화요일에 은평구에 있는 서울 부모님 댁에 갔다가 밤늦게 안양으로 돌아왔다. 밤인데도 통일로가 많이 막혀서 구기터널을 지나 세검정길로 우회해서 시내로 진입하여 우면산 터널을 지나가는 것으로 방향을 잡았다. 도중에 아이들이 목마르다고 해서 구기터널로 들어가기 전에 조그만 마트에 들렀다.

아이들과 함께 음료수를 고르고 있는데, 주인아저씨가 사탕과 초콜릿 등 아이들이 좋아할 만한 것이 무엇인가 물어보셨다. 하지만 유빈이가 아토피가 있어서 그런 것을 먹으면 안 된다고 대답했다. 처음에는 그런 것을 아이들에게 팔려는 줄 알았다. 알고 보니 오늘이 어린이날이라서 애들에게 선물을 주고 싶어서 물어본 것이라고 하셨다.

"어, 아주 맛있는 마카로니가 있는데 그것도 안 되는 건가요? 제가 선물로 주고 싶어서요."

음료수를 고르고 계산하고 가려고 하는데, 주인아저씨가 또 물어보신다. 인사하고 나가려던 찰나 다시 들어와서 얼마냐고 물으면서 돈을 주고 사겠다고 했다. 그러자 주인아저씨는 한사코 거절하시면서 그냥 주고 싶다고 하셨다. 두 개를 주셔서 그중 하나는 돈을 드렸다. 감사의 말씀을 드리고 나오면서 마음이 참 따뜻한 분이라고 생각했다.

다시 운전대를 잡고 가면서 아내에게 그 이야기를 건네면서 마카로니를 보여 줬다.

"이거 마시멜로인데?"

나도 어쩐지 이상했다. 아까는 순간 마카로니가 과자로도 나왔나 생각했다. 유빈이를 안고 있었기 때문에 제품을 자세히 확인해 보지도 않고 그냥 차에 올라탔는데 다시 보니 마시멜로였다. 분명히 주인아저씨는 마카로니라고 했는데 말이다. 웃음이 나왔다. 하지만 기분이 참 좋았다. 처음 보는 마트 사장님으로부터 나와 우리 아이들이 따뜻한 친절과 작은 선물을 받았다고 생각하니 감사했다. 사실 우리가 아이들에게 해 줘야 하는 것이 이런 것들이 아닐까 생각해 본다.

"사탕도 안 되나요?"

"초콜릿도 안 되나요?"

그 주인아저씨를 가만히 떠올려 보니 마카로니와 마시멜로도 구분할 줄 모르고, 아토피에 걸렸다고 하는데 이런 질문을 던지는 걸로 봐서는 아이들을 잘 모르는 분 같기도 하다. 그래도 그 마음이 귀하게 느껴졌다. 아토피에는 마시멜로도 물론 안 된다.

덕분에 '아이들을 정말 위하는 것이 무엇일까?' 생각하면서 왔다. 어른들이 조금 더 각성해서 좋은 세상 물려줘야 할 일이다. 더 맑은 공기, 더 평화롭고 더 정의롭고 더 평등한 세상, 친절하고 따뜻한 말들, 관심과 배려, 진실한 사랑, 이런 아름다운 것들로!

거창고등학교 교장 선생님이 얼마 전 상암동에 와서 자녀 교육에 대해 강연했다고 한다. 학부모들이 관심을 가지고 열정적으로 자녀 교육 방법론을 귀기울여 들었는데, 제일 강조한 것이 이것이었다고 한다.

"당신들이나 잘 사시오! 교육은 무슨! 부부가 서로 사랑하고 살면 자녀들은 알아서 잘 큽니다."

참 공감이 되는 말이다. 잘 살아야 하겠다. 아내랑 더 멋있게 살아야겠다. 우리 아이들이 그 멋지고 잘 사는 모습을 보고 자랄 수 있도록 말이다. 글을 쓰는 이 순간에 따뜻한 마음이 전해졌던 그 마트 주인아저씨를 또 만나고 싶다는 생각이 든다. 다음에 서울 갈 일 있으면 또 세검정길로 가야겠다.

기도, 하나님과의 우정

두 달 정도 시간을 두고 사역자들과 제임스 휴스턴의 저서 '기도'를 읽고, 그 내용을 주제로 지난주에 나눔을 가졌다. 영화 한 편을 보고 이야기를 나눠도 서로 받은 느낌과 이해도가 다른 것처럼 책을 한 권 읽고 나눠도 각자 느끼고 이해하는 면들이 달랐다. 그 다름이 오히려 풍성함을 안겨 주었다. 각자 읽은 것에 대한 자신의 생각들을 정리해 왔는데 내가 정리한 내용 중 일부분을 나눈다.

저자는 끈질기도록 기도와 하나님의 성품을 연관 짓는다. 기도하지 않는 세상에서, 기도 없이도 잘 굴러가는 것 같은 세상에서, 이 책은 기도가 하나님과의 우정임을 강조한다. 내용 자체가 무척 깊다. 금방 읽히는 책이 아니다. 종종 신호를 기다리는 차 안에서도 책을 볼 때가 있는데, 이 책은 그런 식으로 읽을 수 있는 책이 아니다. 자세를 똑바로 해야 하고 시간을 충분히 확보해 놓은 상태에서 메모할 준비를 하면서 온 정신을 집중해서 읽어야 하는 책이다.

기도 응답에 대한 수단으로 기도를 많이 오해하고 있는 이들에게 기도는 하나님과의 더 깊은 관계를 위한 도구임을 강조한다. 하나님과의 관계만 좋으면 된다고 생각하는 단세포적인 생각을 하나님 사랑과 이웃 사랑의 균형으로 인도해 준다. 기도와 삶이 분리되지 않는다는 사실을 보여 준다.

이 책은 하나님의 성품을 강조한다. 신약의 공동체 안에서 어떻게 삼위 하나님의 성품이 기도하는 자들에게 드러나는지 아주 강력한 어조로 논증한다. 따라서 기도의 자리에 입문한 자들, 기도의 은혜에 깊이 들어가는 사람들은 하나님의 성품으로 변화될 수밖에 없다는 사실을 보여 준다. 기도하는 자들이 얼마나 깊어질 수 있는지, 하나님을 얼마나 인식하고 찬양할 수 있는지 가르쳐 준다.

우리 모두에게는 우정과 격려가 필요하다.

하나님은 우리에게 손을 대어 우리를 치유하시고 우리의 약점을 가장 큰 축복과 갱신을 위한 접촉점으로 만드실 것이다.

_제임스 휴스턴의 '기도' 중에서

나는 우리 사역자들이 좋은 책을 많이 읽고, 깊은 사고를 하면서 유연해지기를 기도한다. 스스로 좋은 책을 골라낼 수 있는 능력, 읽고 자신의 것으로 소화할 수 있는 능력, 신학에 충실하되 시대의 아픔과 문제를 공감할 수 있는 통찰력을 갖게 되기를 기도한다. 물론 나의 기도 제목이기도 하다.

말씀으로 분별해 주고 조언해 줄 선지자 사무엘이 죽은 이후, 신접한 여인을 찾으면서 더 급격하게 무너졌던 '사무엘상 28장'의 사울왕을 보면서 분별력 있는 교역자의 중요함을 다시 한 번 생각하게 되었다.

우리 교역자들을 위해 기도를 많이 해 주시라 당부를 드린다. 격려해 주시고 손잡아 주시길 부탁드린다. 경제적인 여유가 있다면 가끔 도서비도 챙겨 주시라는 말도 더하고 싶다. 성도들의 사랑과 격려가 교역자들이 더욱 진리에 충실하도록 이끌어 주는 연결고리가 되어서, 힘있게 사역을 감당하므로 진리의 말씀이 더 풍성해지도록, 성도들과 우리 자녀들이 진리 안에서 살아가도록 기도한다.

육아 전쟁

며칠 전부터 어깨 근육이 많이 뭉쳐서 괴로웠는데 밤에 자면서 목에 담이 왔다. 새벽에 일어나기는 했지만 목을 좌우 앞뒤로 가누지 못하면서 굉장한 통증이 밀려왔다. 강도사님에게 설교를 부탁하고 조금 더 누워서 쉬어 봤지만 교회로 나갈 시간까지도 나아지지 않았다. 아침에 교역자들과 회의를 하면서도 고개를 한쪽으로만 고정시켜 대화를 나누었고 나도 모르게 고개가 움직여질 때는 상당한 통증이 몰려왔다.

교역자 회의를 마친 후에 오늘은 꼭 침을 맞으러 가야겠다고 다짐하는 와중에 갑자기 아내가 목양실에 들어와서 운전을 좀 해 줄 수 있느냐고 물어 왔다. 아내도 내가 목에 담이 온 것을 알기 때문에 굉장히 어렵게 말을 꺼내는 것 같았다. 자초지종을 간단히 들으니, 어떤 아이를 호원초등학교 근처에 있는 어린이집으로 데려다주면 좋겠다는 것이다. 속으로 '내가 운전을 할 수 있을까?' 싶은 생각이 들다가 '그래도 해야지!' 하면서 책상에서 일어났다. 순간, 거짓말처럼 목을 좌우로 가눌 수 있게 되었다. 뒤로 젖히는 것은 불편했지만 좌우로 목을 돌릴 수 있는 것만으로도 살 것 같았다.

교회 주차장에 나가보니 많이 울어서 얼굴이 부은 젊은 엄마와 16개월 된 아들이 함께 있었다. 집에 있던 아내가 밖에서 우는 소리가 들려와 도움이 필요한 것 같다는 생각에 나왔더니, 어린아이와 젊은 엄마가 함께 울고 있었다는 것이다. 우선 물을 좀 떠다 주고 도울 일이 있는지 물었다고 한다. 차 안에서 이야기를 들어 보니, 그동안 육아에 지치고 서러운 상태에서 교회 주차장에 있는 자신의 차에서 유모차를 꺼내려다가 몸에 부딪쳤고, 호원초등학교 근처까지 아이를 데려다주어야 하는데 아침도 못 먹은 상태에서 무척 힘이 들었던 모양이다. 육아를 하면서 밤에는 대학원을 다니는데, 과제는 밀려 있고 둘째까지 임신한 상황이었다. 남편은 일산으로 출퇴근하기에 일찍 나가서 늦게 들어오고 주변에는 자신을 도와줄 사람이 없어 참았던 서러움이 눈물로 터진 것이다.

낯선 사람에게 말을 잘 걸지 않는 아내 성격을 알기에 이야기를 들으면서 속으로 조금 놀랐다. 아무튼 그날 처음 본 그 자매와 함께 아내와 나는 점심까지 먹었다. 아내는 식사를 하면서 본인도 아이들을 키우면서 힘들었던 경험담을 나누었고, 언제든지 도와줄 테니 급한 일 있으면 연락하라고 하면서 위로해 주었다.

아이를 낳고 키우는 육아의 어려움을 어찌 다 말로 표현할 수 있을까? 세상에서 가장 힘들고 어려운 일이 아닐까 생각한다. 누가 옆에서 도와줄 사람이 있으면 그나마 좀 낫지만 아이와 둘이 있어야 하는 상황, 거기다 둘째, 셋째까지 함께 키워야 한다면 이건 그냥 '전쟁'이다. 결혼 전에 열심히 신앙 생활을 하던 분들도 결혼하고 나서 '육아 전쟁'에 돌입하면 주일예배 출석마저 버거운 일이 된다. 아이를 임신한 상태에서 남편의 도움도 없이 첫째, 둘째 아이들을 업고 손을 잡고 교회로 나오는 엄마들을 보면 정말 대단하다는 생각이 든다.

올해에는 출산이 많아져서 기존의 자모실로는 감당하기 어려워 4층에 새로운 공간을 만들었다. 주변을 다 통유리로 만들어 강단이 잘 보이도록 설계했고, 수유실 같은 각종 편의시설을 갖춰 놓았다. 육아에 지친 엄마들이 조금이라도 편안하게 예배를 드릴 수 있도록 배려한 것이다.

아무튼 그날 아이 엄마를 위해 운전한 덕에 한의원에 안 가고 하루를 잘 지냈다. 밤에는 자전거를 타고 광명까지 다녀왔다. 서로의 필요를 돌아보는 교회가 되었으면 좋겠다.

뜻밖의 선물

최근에 예상하지 못한 선물을 몇 차례 받았다. 새로 제작된 '함석헌 전집', 그리고 '녹색평론'과 '창작과 비평'을 어떤 집사님께서 보내 주셨다. 기독교 사상가 김교신(1901~1945) 선생을 연구하기 위해 '김교신 전집'을 꺼내들었는데, 김교신 선생과 동지였던 당시 사회운동가 함석헌(1901~1989) 선생의 사상과 시대적 배경을 알 수 있어서 좋은 참고가 될 것 같다는 생각이 들었다.

지난 금요일에 또 선물 상자가 도착했다. 책 한 권과 양말세트, 아이들 장난감이 장문의 편지와 함께 들어 있었다. 예전에 말씀을 같이 나누고 삶을 진지하게 성찰했던 청년이 보낸 것이다. 삶의 조건과 환경이 자신의 뜻대로 풀리지 않아서 경제적으로 힘든 시간을 보내고 있지만, 하나님의 인도하심을 따르기로 한 이상 그것이 큰 문제가 아니라는 신앙 고백이 편지에 담겨 있었다.

선물이란 물건의 값을 떠나 준비하는 사람의 마음이 담겨 있기 때문에 받는 이로 하여금 큰 행복을 준다. 누군가 나를 기억하고 있다는 사실, 그리고 함께 그 마음을 나눌 수 있다는 사실이 큰 위로가 된다.

우리 교회는 매달 국내 개척교회나 기관들, 해외에서 선교하시는 분들에게 일정의 후원금을 보내 드린다. 여기에 마음을 더 담을 수 있는 방법이 무엇일지 계속 고민하고 있다. 선교지와 목회의 상황을 함께 나누며, 구체적으로 품고 기도해야 할 제목이 무엇인지 알아 서로를 위해 기도하는 것이 중요하지 않을까 생각한다. 구역 및 기관별로 선교지를 품고 기도하면서 선교사님과 그 가정에 필요한 물품, 예를 들면 라면(내 경험상 선교사님들은 라면을 정말 좋아하신다) 같은 생필품들을 상자에 넣어서 보내드리는 방식도 좋을 것 같다. 올해부터 미혼모 기관도 돕기로 했다. 미혼모 가정의 아이들을 위해 필요한 학용품과 생필품을 상자에 담아 마음을 전달하는 것이다. 성탄절이나 부활 주일과 같은 의미 있는 절기에 맞춰서 그분들을 기억하면서 준비하는 것이다.

선물을 받는 것도 참 좋은 일이지만 주는 것은 더 좋은 일이다. 새벽에 기도하시는 분들을 위해 커피를 내리거나 몇 가지 간식을 나누는 분들이 계시다. 그 선물을 받아 누리는 것도 행복한 일이지만, 그 선물을 나누어주는 분들은 더욱 큰 하나님나라의 기쁨을 누리는 분들이다.

하나님나라의 복음을 나누고 마음을 담아 누군가에게 선물이 되는 삶을 살고 싶다. 우리 교회가 주변 이웃들에게 그런 마음을 나누는 교회가 되었으면 좋겠다.

대관령 수도원

3박 4일, 모처럼 시간을 내었다. 일 년에 한두 번 기도원에 가서 마음껏 기도하고 싶은 마음이 들지만 시간 내기가 쉽지 않다. 좋은 기회다 싶어 사경회를 앞두고, 또 2월부터 시작되는 대심방을 앞두고 기도처를 찾았다.

대관령 자연 휴양림 바로 입구 쪽에 자리 잡은 수도원은 철원에 있는 대한수도원에서 은혜를 받은 장로님 부부가 40년 전부터 일구어 온 정원 같은 곳이다. 조립식 건물이어서 시설이 그다지 좋지 않지만, 주변에 금강소나무 향이 살아 있고, 대관령의 맑은 물이 겨울에도 철철 흐르는 천혜의 장소다. 일흔이 넘은 장로님 부부가 농사지은 채소가 반찬이다. 약을 치지 않고 조미료를 전혀 넣지 않은 진짜 유기농 음식을 먹었다. 화로 옆에서 '식탁송'을 부른 후에 밥을 먹고 나면 노릇노릇 구워진 고구마가 후식으로 나온다.

기도원에서 머물다가 떠나는 분들과 잠깐 대화를 나눈 적이 있는데, 이곳에 오면 기도 응답이 잘 된다고 한다. 병도 고치고 문제 해결이 잘 되어서 종종 머무른다고 한다. 부천에서 오신 어떤 할머니 권사님은 40일 동안 계셨는데 허리 디스크 때문에 구부정한 모습으로 오셨다가 허리를 꼿꼿이 펴고 가신다며 좋아하셨다.

수요일 오후부터는 거의 혼자 있었다. 장로님 부부의 손주들이 방학을 맞아 왔는데 하루는 강릉 시내의 눈썰매장에 다녀오시고 또 하루는 덕구 온천에 다녀오셨다. 권사님께서 덕구 온천에 같이 가자고 권하시길래 그냥 남아 있겠다고 했다.

"그럼 오늘은 목사님이 원장 하슈!"

산속의 일찍 찾아온 겨울밤을 홀로 맞으며 고독을 씹고 외로움을 벗 삼아 불을 지핀다. 나무에 불이 잘 안 붙어 자꾸 꺼뜨리게 된다. 기도하다 성경 읽고, 성경 읽다가 기도하고, 가지고 간 책 몇 권을 읽으면서 곰곰이 생각해 보다가 성도들 기도제목이 기억나는 대로 다시 기도하다가 숙소로 들어간다. 난방은 전혀 되지 않는다. 전기장판에 의지하여 이불을 뒤집어쓰고, 다시 성경을 읽고 기도하다 잠이 든다.

마음껏 기도하고, 생각도 정리하고, 유기농 채소에 자연 생수와 좋은 공기를 마시고, 잠깐이지만 기도원 원장도 해보고, 나름 좋은 시간을 보냈다. 복잡한 도시 안으로, 빡빡한 일정 속으로, 문제 가운데로 다시 돌아왔다. 감당할 힘 주시기를!

사경회

목사의 가장 큰 기쁨은 성도들이 말씀을 통해서 은혜 받는 것이다. 그런 면에서 사경회를 손꼽아 기다린다. 몇 달 전부터 강사를 고민했다. 최근 '누가복음'과 '사도행전'을 본문으로 설교하면서 성령님에 대해 더 알고자 하는 마음이 있었는데, 유태화 교수님이 적임자라 판단해서 부탁드렸더니 흔쾌히 시간을 내주셨다.

첫째 날, '창세기 1장 1절'을 통해서 시간과 공간이 창조와 함께 시작되었으며 영원하시고 불변하시고 무한하신 하나님께서, 영원하지도 불변하지도 무한하지도 않은 우리 인간의 역사 속에 들어오셔서 관계를 맺으신 것에 대하여 자세히 풀어 주셨다. 창조 때부터 드러난 성령하나님의 일하심에 대한 내용이었다. 첫 사람 아담 그리고 마지막 아담과 성령하나님의 연관성으로부터 시작하여 구원의 길을 어떻게 열어 가시고, 우리의 삶을 어떻게 인도하시는지, 성경 전반을 두루 살피면서 차근차근 알려 주셨다. 말씀을 듣는 가운데 목회 영역에서 고민했던 주제들이 하나씩 풀려나갔다. 그동안 내 설교에서 잃어버린 균형의 문제를 다시 한 번 깊이 들여다보게 되었다. 말씀 듣는 가운데 때로는 확신으로, 때로는 찔림으로, 영혼이 수시로 진동하며 목양의 현장이 얼마나 고통스럽고 어렵고 또한 영광스러운 자리인가를 동시에 확인했다. 사경회 기간 동안 말씀을 통해 충족하게 채워진 성도님들이 환하고 밝은 표정으로 문을 나서는 모습을 볼 때 나도 덩달아 행복해졌다.

교수님은 칠판을 사용해서 강의 형태로 설교를 진행하셨는데, 최근에 구입한 무선 마이크가 교수님의 독특한 음색을 담아내는 데 한몫했다. 작으면 작은 대로 크면 큰 대로 모든 목소리를 잘 흡수해서 다시 뿜어내는 무선 마이크의 특성이 사경회를 더 빛나도록 해 준 것이다.

여러 봉사와 섬김으로 함께 참여해 주시고 기도해 주신 모든 분들에게 감사를 드린다. 무엇보다 우리 공동체 안에 필요한 말씀을 정확한 시기에 적확하게 공급해 주신 하나님의 은혜에 감사드린다.

복음의 영광을 통해 심장이 다시 뛰고 허리뼈를 곧추 세우며 고통스러운 세상에서 우리에게 맡겨진 직무를 잘 감당하는 교회가 되었으면 좋겠다. 마지막날 교수님께서 지갑을 선물로 주셨다. 강사에게 선물받기는 처음이다. 사경회 이후, 지갑을 물끄러미 바라보면서 말씀을 잘 간수하라는 뜻으로 해석하며 감사한 마음으로 잠자리에 들었다.

감정 노동

갱신한 운전면허증을 찾기 위해 지난주에 동안 경찰서를 방문했다. 면허증을 찾은 후 물어볼 것이 있어서 기다리는 중에 내 옆에서 어떤 아주머니가 여경과 함께 모니터를 확인하면서 안타까워하셨다. 요즘에는 차량에 블랙박스가 있어서 불법 운전이나 주차와 관련해 누군가 신고를 하면 벌금을 물어야 한다.

아주머니가 처음에는 안타까움을, 그 다음에는 억울함을 호소했다. 다음 차례를 기다리면서 책을 보고 있는데 아주머니의 목소리가 점점 커졌다. 그 다음에는 여경에게 고래고래 소리질렀다. 안 그래도 억울해 죽겠는데 '그 태도가 뭐냐?'부터 시작해서 실컷 퍼부은 것이다. 순간 많은 이목이 아주머니와 그 옆에 있던 나에게 집중되었다. 여경은 집중 포화 속에서도 나름 '선방'하고 있었다. 감정을 드러내지 않고 사실을 있는 그대로 반복해서 설명해 주었다. 그런 태도가 더 마음에 들지 않았는지 아주머니는 더 쏘아댔다. 내가 봐도 너무 감정적으로 나와서 '그만하시라'고 말렸다. 그래도 막무가내다. '당신은 사랑받기 위해 태어난 사람'을 불러 줄 수도 없고, 참 난감했다.

여경보다 상급직으로 보이는 이가 와서 '이러지 마시라'고 해도 아주머니는 분이 안 풀리는지, 인격 모독으로 들리는 발언까지 하며 인터넷에 올리겠다며 휴대전화로 이름표를 촬영했다. 아주머니가 내야 하는 벌금은 3만 원이었다.

아주머니가 가시고 여경은 나에게 자신이 잘못한 부분이 있었는지 솔직하게 물어 왔다.

"아주머니가 좀 억울해서 그랬을 겁니다. 아주머니가 감정적으로 나온 것에 비해 그래도 침착하게 잘 대응하셨어요."

대답한 후에 이번에는 내가 물어봤다.

"청년이세요?"

"결혼했어요."

마음이 아팠다. 누군가의 아내일 것이고, 누군가의 딸일 것이며, 그 자매를 엄마라 부르는 아이도 있을 것이다. 그 아주머니는 50대 중반 정도 되어 보였는데, 딸 정도 되는 사람에게 그렇게 대한 것이다. '고작 3만 원' 때문에 말이다.

"진상 시민도 있으니 그냥 그러려니 하고 힘내세요."

경찰서를 나오면서 위로의 말을 건넸다. 여경은 웃으면서 고맙다고 했다. 감정 노동의 현실을 직접 목격하면서 마음이 무거워졌다.

3명 중 1명밖에 취업을 못하는 청년 실업 문제와 고용 불안에 시달리는 비정규직의 문제, 그리고 고객 서비스와 매출을 위해 말도 안 되는 상황에서 무조건적인 인내와 친절을 베풀어야 하는 1,000만 서비스업 종사자들의 감정 노동 문제를 해결하지 않으면 우리가 바라는 미래는 오지 않을 것이다. OECD국가 중 자살률 1위라는 불명예도 씻을 수 없을 것이다.

_ 감정 노동 연구소 소장 김태흥의 '감정 노동의 진실' 중에서

구조적 병폐가 만연한 세상, 3만 원 때문에 분노를 폭발해야 하는 세상, 참고 응대해야 하는 자리, 감정 노동의 심각한 현실 속에서 '믿는 자여, 어이할꼬!'

빈집

교회당 바로 앞 선영빌라에서 5년 정도 살다가 지난주에 이사를 했는데 아직도 어색하다. 새로운 장소에 적응해야 하는 일에는 시간이 필요하다. 지난 목요일 이사 후 아내와 저녁을 밖에서 먹은 다음 집으로 돌아가기 위해 예전처럼 '농민유통'에서 올라가지 않고, 농협 쪽으로 내려가는데 이상한 기분이 들었다. 예전에는 집과 목양실이 가깝기 때문에 물건을 양쪽에 놔두는 경우가 많았다. 넥타이도 집에 있는 것보다 목양실에 있는 것이 더 많다. 신발도 그렇고, 어떤 물건은 양쪽에 다 있는 경우도 있다. 그래서 필요하면 언제든지 양쪽을 오며 가며 물건을 꺼내서 사용하던 것이 이제는 불가능하다.

교회에 가거나 예배를 드리기 위해 집을 나서면 딸들이 안방 창문을 열어 하트를 그려 보이면서 내가 안 보일 때까지 바라보곤 했는데, 이제 그런 소소한 즐거움을 맛보지 못하게 되었다. 창문이 닫혀 있고 불도 꺼져 있으며 아이들의 목소리도 더 이상 들리지 않는다.

성도들도 많이 어색한가 보다. 새벽과 밤에 사택 불이 꺼져 있는 것을 보면 허전하다고 하신다. 사택이 예배당 바로 앞에 있었기 때문에 어떤 분들은 심리적으로 위안을 받았던 모양이다. 이런 이야기를 들을 때마다 마음이 조금 복잡해진다. 아래층에 사시는 문원분 할머니는 우리가 이사한 뒤로 꽤나 적적하신 모양이다. 누군가 빨리 들어와서 살았으면 좋겠다고 하신다.

어린이날, 이사 때문에 미뤄 둔 병원 심방 두 곳을 다녀왔다. '천사가 온 것보다 더 반갑다' 하시면서 어린아이처럼 좋아하신다. 새삼스럽게 목사의 직분과 역할에 대하여 생각하게 된다. 목사를 바라보는 젊은이들과 어르신들의 시각이 전혀 다르다. 눈에 보이는 목사를 의지하지 않도록 진리의 말씀을 선명하게 전달하는 것도 내 책임이겠지만, 목사를 하나님의 대리인으로 알고 섬기려고 하시는 분들의 마음 또한 헤아려야 한다. 이런 마음으로 서로를 돌아보고 성도들이 교제를 나눈다면 서로가 하나님의 얼굴을 뵙는 것처럼 안심과 위로와 격려를 받을 것이라는 생각도 해 본다. 심방을 줄이고 설교 준비 시간을 더 많이 확보하고자 하는 마음이 들다가도, 한 분이라도 더 찾아뵙는 것이 참된 목양이라 생각한다.

그런 그렇고, 선영빌라 6동 101호에 몰래 가서 밤에 조명이라도 켜 놓을까 생각 중이다. 전깃불을 켜 놓고 창문에 목사의 얼굴을 크게 확대한 현수막이라도 걸어 놓으면 덜 적적해하실까?

남겨진 유산

지난 화요일에 평소 존경하는 김형국 목사님의 모친(권사님) 장례식에 다녀왔다. 도착했을 때 마침 입관 예배가 시작되었다. 함께 신앙 생활 하던 공동체의 다른 목사님이 예배를 인도하셨다. 형식적인 장례식이 아니라 고인을 깊이 추억하는 자리가 되었다.

개인적으로 뵌 적이 없는 분인데, 영정 사진을 보면서 권사님의 모습을 상상하기 시작했다. 설교하는 목사님은 권사님이 평소에 무슨 말씀을 많이 하셨는지, 자신을 얼마나 사랑해 주셨는지, 어떤 기도제목으로 기도했는지, 무엇을 그리워하며 사셨는지, 심지어 말투와 억양까지도 흉내내면서 때로는 공감을, 때로는 안타까움을 자아냈다.

목자의 대표기도가 있었다. 목사님의 목회 철학이 기도 가운데 잘 녹아 있었고, 권사님이 계셨기 때문에 담임목사님과 공동체가 존재했다는 사실을 고백한 부분이 특히 인상 깊었다. 기도 가운데 더 오랜 시간 함께하지 못한 슬픔이 깊게 배어났지만, 남겨진 자신들의 사명을 인식하며 권사님이 남겨 주신 사랑을 계속 이어 가겠노라 다짐하며 기도를 마무리했다. 장례식을 통해 한 번도 뵌 적 없는 권사님의 삶, 그리고 남겨진 유산이 무엇인지 생각해 보는 시간을 가졌다. 예배 후에는 목사님과 짤막한 위로와 인사를 나누었다.

입관 예배 설교를 듣는 중에 홍기표 집사님이 심장마비로 갑자기 돌아가셨다는 소식을 접했다. 주일과 성탄 감사 예배 때에도 반갑게 인사하시던 어르신인데 바로 다음날 돌아가셔서 충격이 컸다. 평소 소일거리로 종이상자 줍는 일을 하셨기 때문에 동네에서 자주 뵙곤 했다. 그때마다 늘 환한 미소로 맞아 주셨던 분이다. 1분여 지났을까? 전경아 집사님 아버님도 돌아가셨다는 소식이 문자로 들어왔다. 입관 예배를 드리기 전에 윤소영 집사님 시어머님 장례식장에 다녀왔는데 연속해서 장례 소식을 접한 것이다. 이번 주만 네 번의 장례식을 통해 죽음이 나에게도 가까이 있는 것임을 새삼 생각하는 시간을 가졌다.

우리가 다녀간 자리에 무엇인가 '남는다'는 사실을 발견한다. 조작하거나 삭제할 수 없는 기억, 평소의 철학과 삶, 가치관, 관계 맺음과 살아 내던 무엇인가가 함께하던 이들 가운데 남아 계속 영향을 주고받다가 앞서거니 뒤서거니 마무리하는 것이 우리의 삶이다.

나는 어떤 관계를 맺고 있는지, 사람들은 어떻게 기억해 줄지, 내가 삶을 마무리할 때에는 어떤 유산이 남겨질지, 내 삶은 어떤 기억으로 흡수되고 평가될지, 몹시 궁금하다. 벌써 한 해의 끝자락에 와 있다.

권연오
선생님

권연오 선생님은 유진이가 속한 호계초등학교 2학년 4반 담임 선생님이다. 학기 초부터 선생님은 유진이의 마음을 단번에 사로잡으셨다. 반 아이들도 모두 선생님을 좋아하고 믿고 따랐다. 유진이는 방학을 하는 금요일 아침에 학교 가면서도 울었고, 마치고 집으로 돌아오면서도 울었다.

선생님은 매일 아침 클래식 음악을 틀어 주며 아이들을 맞이한다고 한다. 유진이는 지난 1년 좋은 음악으로 더욱 풍성함을 누렸다. 조용한 음악이 흐르다 갑자기 '꽝' 터지는 '놀람 교향곡'을 틀어 주셨을 때 아이들 모두 깜짝 놀란 적이 있다고 한다.

"하이든의 '놀람 교향곡'이야. 이렇게 놀라게 해서 '놀람 교향곡'이라고 한단다."

선생님의 설명에 아이들은 깔깔거리면서 또 틀어 달라고 했다고 한다.

엄마들이 아이들의 단점이라고 생각해서 걱정하는 부분에 대하여 선생님은 무한한 긍정으로 단점을 덮어 버리시곤 한다. 예를 들면 어떤 아이가 밥을 너무 늦게 먹어서 아이의 엄마가 걱정을 하면,

"괜찮아요. 제가 더 천천히 먹으면 됩니다."

이렇게 말씀하시는 것이다.

소위 '문제아'로 지목된 아이들이 있어도 문제 삼지 않으신다.

"너는 내 비서야!"

할 일을 맡겨 주시고, 폭풍 칭찬을 해 주시니 아이들 눈빛이 달라진다. 밖에서는 여전히 문제아라는 낙인이 찍혔지만 반에서는 당당하다. 선생님이 품어 주시고 인정해 주시며 역할을 맡겨 주었기 때문이다. 아이들 특성에 맞게 각각 별명도 지어 주셨다. 유진이의 별명은 반 살림을 도맡아서 한다고 '맏언니'였다.

한 사람 한 사람 아이들의 성향을 정확히 짚어 내고 발전 가능성을 이야기하며 부모에게도 전달해 주신다. 날씨가 좋은 날에는 수업보다 아이들을 벚꽃 아래에 '방목'하시고, 아이들에게 미술과 음악과 시사와 관련된 온갖 이야기를 들려주셨다. 교과 과정보다 인생과 삶에 대한 참된 가르침과 교훈을 새겨 주셨는데 그 관계와 아름다움은 평생 간직될 것이다.

감사의 마음을 표현하고자 모든 학기 종료 후 아내와 선생님을 찾아뵈었다. 선생님도 많이 우셨던 모양이다. 화장도 지워지고 눈이 퉁퉁 부어 있는 상태였다. 짧은 만남이었지만 긴 여운으로 남는다. 아이들

이야기가 원고 없이 줄줄 나왔다. 선생님은 또 눈물을 쏟아내신다.

26명의 아이들이 선생님과 조화를 이루던 교실, 책상과 모니터, 칠판과 학습 목표, 수많은 교구들, 직접 그린 그림들, 아이들 작품 등이 교실 사방을 메우고 있었다. 조그맣고 귀여운 책걸상이 가지런히 놓여 있는 이 특별한 장소에서 오간 수많은 이야기들, 그리고 선생님과 친구들과의 관계, 재잘거림과 땀과 학습과 재미와 장난과 나눔이 있던 이곳이 아이들에게는 평생 잊을 수 없는 신성한 곳이다.

참된 교육은 학습만으로 이루어지지 않는다는 사실을 새삼 깨닫는다. 진심으로 받아 주고 이해하고 사랑하며 너른 품으로 안아 줄 때, 가치와 장점과 재능과 자신감이 아이들 속에서 발산된다. 또한 발산된 것을 잘 묶어 올바른 방향으로 인도해 줄 때에 복되고 아름다운 삶을 살 수 있음을 생각해 보게 된다. 따뜻한 만남과 감동이 그리워지는 계절이다.

분노에 관하여

작년 12월 셋째 주에 조만간 인도네시아로 출국하는 학부 동기 허중 선교사에게 설교를 부탁했다. 설교 중에 이런 이야기를 한다.

"친구 교신이는 20년 전에도 학부시절에 책을 많이 읽고, 하나님나라에 대한 갈증을 가지고 있던 친구입니다. 그리고 성품이 좋은 친구로 기억합니다. 같은 기숙사에 있었지만 화내는 것을 한 번도 본 적이 없었습니다."

회중석에서 설교를 듣고 있다가 내가 그 시절에도 하나님나라에 관심이 있었다는 사실에 놀랐다. 또한 지금은 책도 못 읽고 화도 잘 내는 편이라 얼굴이 화끈거렸다. 친구가 나를 그렇게 기억할 줄 예상하지 못했다. 친구 '허중'은 사실 학부시절 그렇게 친밀한 교제를 나눈 사이는 아니다. 그도 나도 조용하고 평범한 성격이어서 그냥 묻혀 갔고 묻혀 있었다. 소위, '튀는' 성향들이 아니었다.

20년 전 친구의 기억과는 다르게 지금은 책도 많이 못 읽고 화도 잘 낸다. 다른 사람은 몰라도 내 아내는 나를 잘 안다. 다른 사람은 속여도 아내를 속일 수는 없다. 친구의 설교 한 토막이 그날 밤 아내와의 대화거리가 되었고, 서로 웃으면서 20년 동안 왜 이렇게 변했는지 조금 한탄해 본다.

나는 화가 나면 말을 하지 않는다. 곱씹거나 상황들을 계속 돌리면서 되도록 이해하려고 하는 편이다. 화가 나도 최대한 절제한 상황에서 대화를 지속하는 편인데 나도 모르게 폭발할 때가 있다. 가끔은 강단에서도 그런다. 분노를 드러내고 나면 수습하는 것이 쉽지 않다. 하루 종일 내가 정당했는지를 돌아본다. 잊으려 해도 생각이 난다. 분노를 드러낸 것에 대하여 후회하지 않지만 가슴에는 멍이 든다. 분노를 했으니 그 부분에 내가 더 책임을 지고 가야 한다. 분노를 드러낸 이후 설교를 준비하려면 발동 걸리는 데만 상당한 시간이 필요하다. 이번 주에 '아모스'에 들어가는데, 류호준 교수님의 '예언서를 어떻게 이해하고 설교할 것인가?'를 읽으면서 이런 대목을 발견했다.

예언자들을 통하여, 하나님은 먹을 것을 찾아 포효하는 사자처럼 그의 분노를 폭발시키셨다. 예언자들을 통하여, 하나님은 반역하고 대항하는 아들 때문에 남몰래 고통스러워하는 자애로운 아버지처럼 고뇌하셨다. 예언자들을 통하여, 하나님은 목자 없는 양처럼 산에 흩어진 무리들을 보시며 애처로워하셨다. 예언자들을 통하여, 하나님은 못된 짓을 하며 가정을 파탄으로 몰고 집을 뛰쳐나간 아내를 법대로 처리하지 않고, 오히려 무릎을 꿇고(?) "여보, 집으로 들어갑시다."라고 간청하는 어떤 처량한 남편으로 자신을 표현하기도 하셨다. (중략) 하나님은 밤낮으로 '우시는 하나님'이 되기도 하셨다. (중략) 결국 우리들은 예언자들의 메시지를 들으면서, 격렬하게 뛰고 있는 하나님의 심장소리를, 그분의 맥박 운동을, 몰아쉬는 그분의 한숨 소리를, 눈물 맺힌 그분의 눈을, 분노에 일그러진 그분의 얼굴을 '듣고 볼 수' 있어야 하는 것이다. 만일 예언서를 심각하게 읽는다면, 우리는 하나님을 '직면'하게 될 것이다. 설교자는 이런 하나님을 정통적으로 제시하는 자들이다.

_ 교수 류호준의 '예언서를 어떻게 이해하고 설교할 것인가?' 중에서

예언서의 묘미가 무엇인지 조금 알겠다. 하나님도 분노를 폭발시킨다는 대목, 그리고 예언자를 통해서 그렇게 하신다는 부분이 와 닿는다. 그런데 내가 분노하는 것이 예언자의 '깜'인지, 인격의 미숙함인지 도통 감을 못 잡겠다.

오해

얼마 전 동기 목사님들 모임에서 한 목사님이 서운함을 표시했다. 전날 전화를 세 번이나 하고 문자까지 보냈는데 받지도 않고 답장도 없었기 때문이다. 웃으면서 이야기하길래 장난인 줄 알았더니 정말 서운했던 모양이다. 그런데 아무리 생각해 봐도 그 목사님으로부터 전화를 받은 적이 없다. 나중에 알고 보니 예전 전화번호로 연락했던 것이다. 그런데도 통화음은 연결이 되고 연락을 받지도 않고 답장도 없으니 오해할 만한 상황이 되었다.

최근 몇몇 분들에게 동일한 이야기를 들었다. 그분들 역시 내 예전 번호로 연락을 취한 것으로 드러났다. 그나마 상황을 전달할 수 있었던 분들은 오해가 풀렸는데, 나에게 그런 이야기를 하지 않아 그대로 오해하고 있는 분들이 또 있을 거라는 생각이 들었다. 그렇다고 누가 오해했는지 모르는 상태에서 일일이 확인할 수도 없는 노릇이다.

'카카오톡', '밴드', '카카오스토리', '페이스북' 등과 같은 사회관계망 서비스를 많이 활용하는 시대에는 오해의 여지가 굉장히 크다. 줄임말, 이모티콘, 또는 소위 '눈팅'으로 자기 의사를 대신해 일부분만 표현하기 때문에 오해를 하거나 오해를 사는 경우가 많다. 인터넷 예절이나 상식이 있지만 그것보다는 저마다의 스타일로 표현하기 때문에 작은 불씨가 크게 번지기도 한다.

최근 시찰회 목사님이 '작년에 왜 시찰회 모임에 참석하지 않았는지'를 진지하게 물어 오셨다. 두 달에 한 번 있는 모임을 거의 결석하니 의도적으로 결석한 것으로 오해하신 것이다. 내 입장에서 부득이한 상황들이 있었음을 설명해 드렸지만 충분하지 않다.

삶과 사역, 공부와 각종 소속된 모임을 다 소화하려면 '슈퍼맨'이 되어야 하는데, 일찍부터 포기했다. 거절을 못하는 성격이라 이리저리 참여해야 할 일정이 많은데 소화는 되지 않는다. 선택과 집중을 할 수밖에 없지만 그럴수록 오해가 쌓인다. 우선순위를 결정하는 것도 쉽지 않다. '어쩔 수 없이' 참석해야 하는 경우도 있기 때문이다.

입장을 바꿔 놓고 생각해 보면 나도 다른 사람을 많이 오해하며 산다. 진지하게 깊이 이야기해 보지 않고 겉으로 드러난 것으로만, 혹은 다른 사람의 이야기를 통해서만 듣고 오해하면서 오해한 것이 진짜 그 사람의 모습일 거라고 확신하면서 살고 있는지도 모른다. 그런 면에서 어떤 사람을 판단하고 평가하는 것은 늘 유보할 수밖에 없다.

오해, 너 참…….

경비 아저씨의 역할

유빈이가 결국 주일예배에 오지 못했다. 토요일 오후, 중이염과 편도염이 심하게 오면서 열이 40도까지 오르는 상황에 아내가 고민을 많이 했다.

"교회에 데려가야 하나 말아야 하나?"

아내와 이야기하다 결국 주일 아침 상태를 보고 결정하기로 했다. 유빈이 혼자 집에 있었던 적은 한 번도 없었다. 의사가 약을 강하게 처방했는지 유빈이가 주일 아침에도 어지럽고 힘들다고 해서 혼자 잠을 자기로 하고 아내와 유진이만 예배를 드리러 왔다.

주일예배 후 집으로 가던 아내를 경비 아저씨가 급히 불러서 가 보니, 유빈이가 경비실에 있었다고 한다. 머리를 풀어헤친 채 내복 차림으로 맨발에 슬리퍼만 신고 있었다. 아내가 예배드리러 간 후, 대략 30분 정도 있다가 혼자 있는 것이 무서워 무작정 집을 나온 것이다.

경비실에 들어가 아저씨에게 엄마 아빠는 교회에 가고, 자기는 중이염 때문에 집에 혼자 있는데 무서워서 나왔다고 하면서 전화 좀 해 달라고 부탁을 드렸다고 한다. 아마 번호가 잘못 전달되었나 보다. 아내는 전화를 받지 못했고, 유빈이는 1시간 30분가량 경비 아저씨와 함께 경비실에 있었다. 아이가 추워했는지 히터를 틀어 주시고 TV를 보여 주셨다. 주일 정책당회를 마치고 밤 10시가 넘어 집으로 들어가 잠든 아이들을 뒤로하고 아내에게 이야기를 들으면서 더욱 안쓰러운 마음이 일었다.

한편 경비 아저씨에게 참 감사한 마음이 들었다. 만약 유빈이가 경비 아저씨를 만나지 못했다면, 만났더라도 그냥 집에 가서 기다리라고 하면서 매정하게 돌려보냈다면 어찌 되었을까! 아마 유빈이는 무서워서 그 차림으로 떨면서 교회로 왔을지도 모르겠다. 시간을 계산해 보니 유빈이가 집에서 나온 시간은 내가 설교하고 있을 때였다. 머리를 풀어헤친 일곱 살 난 딸아이가 맨발에 내복 차림으로 설교시간 본당으로 목사인 아빠를 찾아 들어왔으면 어떤 상황이 연출되었을까? 생각할수록 유빈이에게 안쓰러운 마음이, 경비 아저씨에게는 고마운 마음이 들었다.

자녀들 문제에 있어서 우리 부부가 할 수 없는 역할이 있음을 인정한다. 아이들이 자랄수록 부모가 할 수 없는 영역이 더 많아질 것이다. 그 빈 틈, 빈 공간, 비어 있는 시간이 하나님의 임재로 채워지기를 기도한다. 그나저나 경비 아저씨에게 고마움을 어떻게 표현해야 하나?

90년대 생

최근 영균 형제로부터, 임홍택 작가의 '90년대 생이 온다'라는 책을 선물로 받아 심방 기간 중 틈틈이 읽어 보았다. 이미 세상을 주도하기 시작했고, 앞으로 오랜 시간 이 세대를 책임질 20대 청년들에 관하여 그들의 언어와 소비 성향, 가치관의 범주를 다방면으로 파헤친 글이다. 저자는 1982년생으로 대기업에서 신입사원 입문 교육을 담당했는데, 1990년대 출생한 신입사원들과 소비자들을 대하며 느꼈던 충격적인 경험들을 토대로 글을 연재했다.

기성세대는 다음세대와의 소통을 항상 어려워했다. 내가 20대 초반 전도사로 처음 사역을 시작할 당시에도 머리에 노란 염색을 하는 학생들이나 청년들은 굉장히 타락하고 은혜를 모르는 인물로 교회에서 먼저 낙인을 찍었다. 또한 당시 내가 맡고 있던 고등부 학생들 중의 일부에게서 담배 냄새를 맡았을 때는 심장이 쿵쾅거리기도 했다.

'내가 아이들을 위해 기도를 많이 못했구나! 전도사가 못나서 아이들이 타락하는구나!'

이렇게 생각하기도 했다.

지금도 초등학교 아이들이 화장을 진하게 하는 모습, 게임에 몰두하는 모습, 거친 언어와 줄임말을 남발하는 모습, 산만한 광경 등을 보면 불편하다. 어느새 나도 그들 입장에서는 '꼰대'(남보다 서열이나 신분이 높다 여기고, 자기가 옳다는 생각으로 남에게 충고하고 무시하고 멸시하는 것을 당연하게 여기는 기성세대 혹은 선생을 일컫는 은어)가 되어 있고, 점점 더 그렇게 될 가능성이 높지 않나 싶다.

가끔은 편한 길로만 가려고 하는 이들을 향하여 도전 정신을 가지라고 충고하기도 했다. 하지만 이 책을 읽으면서 은근히 정죄하던 내 모습이 부끄러워졌다. 기성세대가 볼 때 바람직하지 않은 그 길을 선택할 수밖에 없는 사회적 구조, 그리고 불의함 속에서 나름 살아남기 위한 자구책이 있다는 사실을 내가 간과하고 있었던 까닭이다.

심방을 하면서 50~60대 어른들과 대화를 나누다 보면, 자녀 세대에 대한 걱정이 많다. '결혼관'부터 시작해서 인생을 이해하고 살아가는 가치관과 유형이 다르다 보니 우려와 두려움이 앞서는 것이다. 40대인 나도 이해 안 될 때가 많은데 어르신들이야 오죽할까 싶다.

"기도합시다!"

이렇게 결론을 내버리면 나야 편하지만 너무 게을러 보인다.

사랑의 당위성은 알지만 행함과 진실함에 늘 약점을 보이는 우리가 상대방의 필요를 진지하게 알고 있는지, 그들과 충분한 대화를 나눠 봤는지 , 이해하지 못하겠다면 제대로 관찰이라도 해 보았는지, 구체적으로 우리는 어떻게 사랑을 나눌 수 있을지, 이 책은 나에게 많은 숙제를 던져 주었다. 10대와 20대 자녀를 두었거나 현재 사업을 하거나 직장에 다니는 분들이 함께 읽으면서, 이들에 대해 더 깊고 풍성하게 이해해야 하지 않을까 하는 생각이 든다.

신나게
놀 때,
가장 밝다

놀이터에 아이들이 없다. 사실 아이들이 가장 아이들다울 때는 신나게 놀 때라고 생각한다. 개인적으로 가장 행복할 때가 있다면 아이들이 즐겁게 노는 것을 볼 때다. 노래를 부르거나 춤을 출 때, 무엇인가 몰입할 때, 그리고 다른 친구들과 어울려 푸지게 놀 때, 보기만 해도 기분이 좋아진다. 하지만 요즘에는 아이들 노는 모습을 보기가 쉽지 않다.

가끔 아파트에 사는 아이들과 대화를 나눈다. 엘리베이터를 기다리거나 함께 올라갈 때 말을 건다.

"몇 학년이니?"

"어디 다녀오니?"

덕분에 몇몇 아이들과는 안면을 트고 지낸다.

최근 밤 9시 가까운 시간에 4학년 남자아이와 대화를 나눈 적이 있다. 어디 다녀오는 길인지 물어보니 학원을 다녀온다고 했다. 한 주간의 일정을 물어보니 꽉 차 있다. 집에 들어가면 늦은 저녁을 먹고 숙제를 한다. 놀고 싶지만 놀 시간이 없는 것이다.

아이들이 스트레스로 가득하다. 게임에 열중하는 아이들을 보면 나름 살아 보려고 몸부림치는 것은 아닌가 하는 생각도 든다. 좀 신나게 놀고 뛰고 땀을 흘려야 건강하게 스트레스를 해소할 수 있을 텐데 아이들의 삶은 여기저기 꽉 막혀 있다. 그늘진 아이들이나 생기 없는 아이들을 만나는 것은 아픔이다.

주일 저녁에는 주로 아이들에게 설교시간에 무슨 말씀을 들었는지 물어본다. 유진이는 설교를 잘 요약해서 이야기를 해 주는 편이다.

"그럼 넌 그 설교를 듣고 어떻게 살 건데?"

유진이 이야기를 듣고 다시 내가 물어보곤 하는데, 한번은 유진이가 자신의 결심을 들려준 적이 있다.

"공부해서 남 주면서 살아야겠어."

"그래? 그럼 지금 당장 네가 할 수 있는 일이 무엇인지 찾아보면 좋겠네."

유진이의 대답에 내가 권면했다. 예를 들면 같은 반 친구들이 수업 내용을 따라가지 못할 때 도움을 줄 수 있는 방법을 찾아보는 식의 예를 들면서 말이다.

"그런데 아빠, 내 친구들 대부분이 5학년, 6학년 공부를 미리 당겨서 하더라고……."

선행 학습과 대학 입시와 생존 경쟁은 성난 파도와 같이 아이들의 영혼을 위협한다. 부모들의 조급증과 불안감은 아이들을 더 위태롭게 한다. 필요하면 학원도 보내야겠지만 아이들이 좀 신나게 놀도록 놔두었으면 좋겠다. 거대한 세상의 흐름에 대하여 저항하고 싶다. 평범한 삶 속에 숨어 있는 가치와 여유, 소망과 감사와 기쁨을 발견하고 싶다. 성공하기 위해 현재의 가치와 아이들과 함께하는 행복을 유보하고 싶지 않다. 욕심은 가장 큰 적이다.

가끔은 기도의 자리에서 하나님이 창조하실 때부터 우리 아이들에게 심어 놓으신 것이 잘 드러날 수 있도록 지혜를 구한다. 아이들다운 아이들을 보고 싶다. 아이들은 신나게 놀 때 가장 밝다.

무엇을 남길 것인가

아이들 크는 모습을 보면 시간이 참 빠르게 흘러간다. 고난의 때에는 더딘 것처럼 보여도 지나고 나면 순식간에 순간 이동한 것처럼 느껴진다.

"여보, 나 늙었나 봐. 젊었을 때에는 '락' 음악이 좋았는데 요즘엔 '발라드'가 너무 좋아."

아내의 말에 난 요즘 '트로트'가 당긴다고 했다. 심수봉 노래가 그렇게 와 닿을 수 없다. 파스타를 좋아하던 아내가 국밥이 먹고 싶다고 할 때 우리가 나이 들어감을 느낀다.

새벽에 '여호수아'를 읽는데, 그가 마지막에 남긴 메시지가 강하게 다가온다. 그가 살아온 모든 여정이 고스란히 담겨 있었다. 스스로 그렇게 살아 내지 않고 남의 경험을 끌어와서는 그런 말을 남길 수 없는 법이다. 자녀들은 부모가 살아온 여정을 다 알 것이고, 성도들은 목사가 했던 설교보다 목사가 살아가는 삶에 주목할 것이다. 여호수아의 측근들과 백성들도 다 아는 사실, 다 알고 있었던 상황에서 그가 남긴 메시지는 큰 울림으로 다가온다. 그렇다면 나는 무엇을 남길 것인가?

재개발 조합과 본격적인 협상이 시작되었다. 법정 소송은 여전히 진행 중이다. 협상이 제대로 된다면 모를까, 그렇지 않을 경우에 최소한의 권리를 확보하기 위해 할 수 있는 최선이라 생각한다. 다른 한쪽에서는 분양가 낮추기 모임이 활발히 진행된다. 이들이 재개발을 반대하는 것은 아닌데 그동안의 진행 방식을 문제삼는다. 어느 쪽의 말이 타당한지 유심히 살펴보는 중이다. 누구든지 심은 대로 거둘 것이며, 세상 법정이든 하나님의 법정이든 정확한 심판이 기다리고 있을 것이다.

교회 건물을 위해서도 최선을 다할 것이다. 하지만 건물보다 사람을 남기고 싶다. 내가 이 글을 쓰는 이유는 나도 나를 믿지 못하기 때문이다. 건물의 화려함에 취하여 건물이 전도하도록 방치하는 어리석음을 피하기 위해서다.

지난 선교 주일, 우리 교회는 캄보디아와 키르기스스탄의 80명 아이들을 품었다. 매월 3만 원씩 후원하고 기도할 것이다. 평생을 힘겹게 살아온 집사님이 자신도 아이를 품었다 하시며 그 감동을 나눠주셨다. 내가 볼 때 지금도 힘든 삶이지만 그 아이가 18세 될 때까지 책임진다고 하신다. 사랑할 시간이 얼마 남지 않았다. 하나님의 사랑이 고인 물이 되지 않고 주변으로 흘러가도록 생각을 단순하게 정리하며 살고 싶다.

임직식

생각보다 큰 행사였다. 직분이 명예가 아니라면, 중직자가 목사의 친위부대가 아니라면, 돈 주고 사는 훈장이 아니라면, 이에 맞는 의미를 담아야 했고 진행이 매끄럽고 군더더기가 없어야 했다. 설교자로 류호준 목사님을 모셨고, 권면과 축사는 노회에 건의해서 한 분씩만 하시도록 했다. 당회에서 결정한 큰 틀 안에서 교역자들과 각론을 준비했다. 수없이 모여 회의하고 의견을 수렴하면서 동선을 확인했다. 당일에는 점심식사 후 임직 예정자들과 더불어 리허설과 사전 기도회를 가졌다.

'마하나임 기악단'의 연주와 함께 민덕홍 집사님의 '거룩한 성 예루살렘'이 심금을 울렸다. 우리 모든 성도가 하늘에서 내려오는 신랑을 위해 단장한 거룩한 성 새 예루살렘이 된다는 것은 얼마나 영광스러운 일인가! 류호준 교수님은 '요엘 2장'의 본문을 중심으로 '하나님이 잃어

버린 것을 어떻게 보상하시는가?'를 성령의 역사와 교회의 탄생, 그리고 실제로 공동체를 세우는 일과 연결지어 말씀을 전해 주셨다.

나는 교역자들과 은퇴자와 임직자를 소개하며 임직패와 임명장을 나눠 드리고, 안양노회 목사님들과 안수식을 진행했다. 안수 기도를 하면서 중간에 버벅거려 머리가 하얗게 되기도 했다. 임직자 대표로 김종호 장로님이 답사를 하시다가 울먹거리면서 말씀을 잇지 못하셨다. 가장 멀리서 출석하시는 박희순 권사님이 천연 가죽 표지의 성경을 대표로 받으셨다. 사진 촬영 이후 밖에서 인사를 드리는 동안 반가운 얼굴을 많이 만났다. 성도들의 가족과 이웃을 대하면서 악수를 청하며 감사를 나누는 시간이 귀했다.

다음날, 나른한 몸과 마음을 이끌고 참석한 첫 수업 시간에 임직 받으신 권사님이 문자를 보내오셨다. 임직식 경비를 전혀 부담시키지 않은 점과 8차까지 힘든 시간을 내어 교육시켜 준 덕분에 그동안 주문처럼 외우던 주기도문의 깊은 의미를 깨닫게 되어 감사하다는 내용이었다. 무엇보다 교회의 일원이자 하나님의 동역자로 쓰임 받는 영광에 감사하셨다. 피곤이 '싹~' 물러간다.

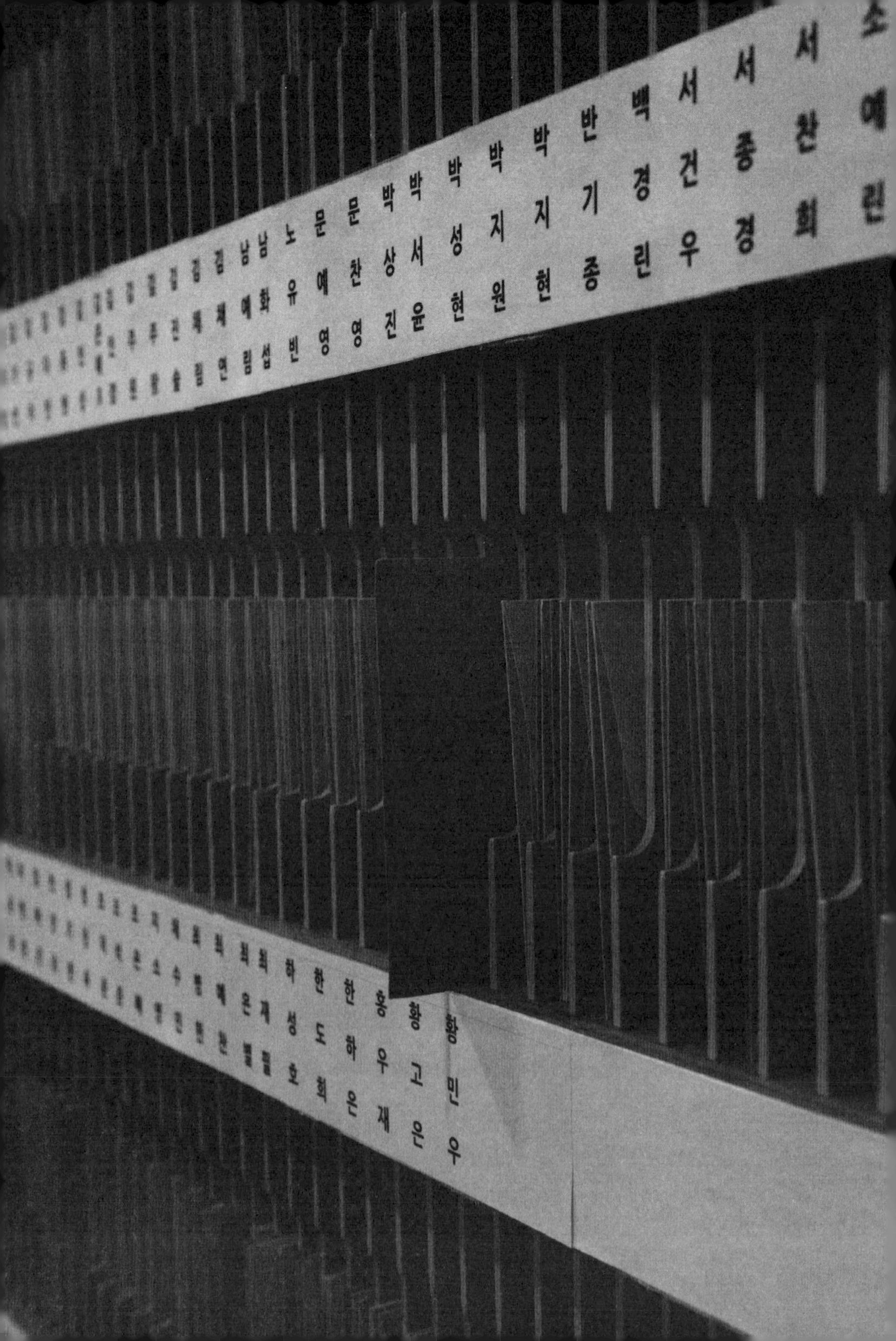

남예림
남화섭
노유빈
문예영
문찬영
박상진
박서윤
박성현
박지원
박지현
반기종
백경린
서건우
서종경
서찬희
소예린
하성호
한도희
한하은
홍우재
황고은
황민우

5

흩어져 있고 홀로 있어도 믿음으로 하나다

하늘 아버지가 기뻐하시는 이유, 믿음의 지체들

우리가
'온 가족'이다

1960대만 해도 농촌교회의 새벽기도는 소박하고 아름다웠다. 전깃불도 없고 석유 램프불을 켜 놓고 차가운 마룻바닥에 꿇어앉아 조용히 기도했던 기억은 성스럽기까지 했다. 교인들은 모두 가난하고 슬픈 사연들을 지니고 있어 가식 없는 대화를 나눌 수 있었고, 그중에 6.25때 남편을 잃고 외딸 하나 데리고 살던 김 집사님의 찬송가 소리는 가슴이 미어지도록 애절했다. (중략) 가난한 사람의 행복은 이렇게 욕심 없는 기도를 할 수 있기 때문이다. 새벽기도가 끝나 모두 돌아가고 아침 햇살이 창문으로 들어와 비출 때, 교회 안을 살펴보면 군데군데 마룻바닥에 눈물자국이 얼룩져 있고 그 눈물은 모두가 얼어 있었다. _ 작가 권정생의 '우리들의 하느님' 중에서

'강아지 똥', '몽실 언니' 등 주옥같은 글을 남기고 떠난 권정생 작가의

산문집을 읽다가 가슴이 따뜻해져서 그 내용 일부를 적어 본다. 소박하고 아름다운 새벽기도, 차가운 마룻바닥, 가난하고 슬픈 사연들을 가진 성도, 욕심 없는 기도, 아침 햇살에 비친 마룻바닥의 눈물자국.

이 글을 읽으면서 소록도에서 드렸던 새벽예배가 생각났다. 차가운 마룻바닥, 새벽 4시, 아직 깜깜한 시간에 한 분 두 분 모여 들어 조곤조곤 기도하던 목소리, 뭉뚱그려진 손으로 반주를 하시던 할아버지 장로님, 오래되어 찌든 목재 냄새, 우리나라에서 가장 한이 많고 슬픈 사연을 간직하고 있는 소록도 어르신들의 새벽기도 모습이다.

소록도는 저녁 6시면 어두워져 더 이상 할 일이 없는 곳이다. 일찍 주무시다가 일어나는 대로 어떤 분은 새벽 한 시에, 또 어떤 분은 두 시에, 삐걱거리는 소리와 함께 예배당 문을 밀고 들어와 몇 시간이고 자손들과 한국교회와 목회자들과 북한의 굶주린 자들을 위해 기도하신다. 요즘 따라 그분들의 기도 소리가 그리워진다.

자녀들과 새벽을 깨우며 왔을 성도들로 본당이 꽉 들어찬 모습을 보면 하나님의 은혜가 감사할 뿐이다. 장로님들의 섬김이 감사하고, 교복 입은 학생들의 모습에 마음이 뭉클해진다. 저마다 슬픈 사연과 답답한 마음을 가지고 기도하는 성도들, 때로는 숨죽여 울면서, 때로는 가슴을 치면서 기도하는 모습이 더욱 귀하고 아름답다. 그 모습들을 보면서 또 한 가지 깨달음이 밀려온다.

'아, 그래! 우리가 바로 온 가족이네, 한 아버지를 모시고 기도하는 하늘 가족, 온 가족!'

온 가족이 새벽부터 모이니 참 좋다. 단순, 소박, 새벽, 경건, 눈물, 욕심 없는 기도, 온 가족, 이 모두 교회를 건강하게 만들어 가는 귀한 단어들이다. 이런 단어만 나열해도 마음이 정화된다.

성경 암송 대회

몇 년 전 '향산교회'에서 사역할 때 사택이 교육관 건물과 가까운 곳에 있었다. 월요일 오전에 열린 창문 틈으로 아이들의 낭랑한 음성이 들려왔다. 자세히 들어 보니 '시편 23편' 성경 구절을 암송하는 소리였다. 그때 유진이가 네 살이었고 '향산교회' 부설 어린이집에 다니고 있어서 관심을 가지고 들었다. 교회 부설이어서 그런지 매일 아침 예배를 드리고, '시편 23편'을 일 년 내내 반복해서 암송했다. 아이들의 암송 소리는 무뎌진 나의 영혼을 일깨우는 천상의 외침이었다. 나는 그날 아침 들었던 성경 암송을 지금도 잊을 수 없다.

수많은 디지털 영상기기가 개발되어 많은 어린아이들과 청소년들이 그 안에 함몰되어 있다. 수시로 기계를 들여다보면서 확인하고 검색하고 또 점검하고 연락을 주고받으면서 우리는 연결 과잉의 시대를 살고 있다. 속도 전쟁이 한참 벌어지는 세상에서 한 구절씩 되새김질하고 반복해서 느리게 성경을 암송한다는 것은 아주 지루한 일이 될 수도 있다. 그래서 모두들 암송하는 것을 어렵게 생각한다. 성경 공부, 통독, 큐티, 소그룹 등 우리의 경건을 유지할 만한 여러 방법이 있다. 하지만 가장 기초가 되는 일은 성경 암송이라고 생각한다. 성경 암송은 하나님의 인격과 우리의 민낯을 서로 만나게 해 주고 말씀의 진수를 맛보도록 도와준다. 설교와 책자와 홍보물 과잉 시대에 차근차근 말씀을 암송할 때 우리에게 생명과 기쁨을 주고 감사하는 삶의 방식을 허락한다.

온 가족이 함께 모여 말씀을 암송한다고 생각해 보라. 생각만 해도 즐겁다. 구역식구들과 함께 말씀을 암송한다고 생각해 보라. 인간적인 교제의 끈으로 연결되어 있는 것이 아니라, 사심으로 연결되어 있는 것이 아니라, 진리의 말씀을 붙들고 함께 기뻐하는 것이 진정한 사랑을 나누는 것이다. 이번 성경 암송 대회는 그런 의미에서 자유롭게 팀을 구성하여 신청할 수 있도록 문을 활짝 열어 놓았다. 1등과 2등을 가려내자는 것이 아니다. 누가 제일 잘했는지, 누가 제일 많이 암송했는지 평가하자는 것이 아니다. 어린아이와 같은 순수한 마음으로 신앙의 가장 기초가 되는 성경 암송을 하면서 우리에게 주신 감사와 기쁨을 서로 나누자는 것이다.

생명의 말씀을 함께 붙들고 하나님나라를 살아 내기 위해 발버둥치는 온 가족 공동체가 되기를 기대한다. 말씀을 통해 서로 진실한 마음으로 연결되어 하나되고, 함께 기도할 수 있는 시간들이 되기를 축복한다. 성경 암송을 통해 그 말씀의 능력을 경험하기를 바라며!

심방의 목적

심방이 시작되었다. 매주 화요일, 목요일, 토요일에 심방 일정대로 각 가정들을 방문하여 하나님 말씀을 나눈다. 내가 심방을 하는 이유는 단 한 가지, 말씀에 대한 해설이다. 함께 암송하기로 한 '빌립보서 2장 5~11절' 말씀 암송을 확인하고 그 내용을 설명해 드리는 일을 위해서 간다.

말씀을 드리기 전에 암송한 것을 확인하는데, 눈을 꼭 감고 암송하는 성도들의 모습을 보면 감동 그 자체다. 성도들은 부담되지만 나는 즐겁다. 암송하는 과정을 통해 하나님의 말씀을 여러 번 반복하고 그 의미를 추구하면서 하나님과 더 진실한 관계를 맺을 수 있다. 암송한 말씀이 있으면 어떤 상황에서도 그 말씀을 기억하고 힘을 낼 수 있다. 또한 그 말씀을 붙잡고 기도할 수 있는 유익이 있다.

성경 암송은 온 가족의 마음을 연결시켜 주기도 한다. 어떤 가정은 부부가 이불 속에서 손을 꼭 잡고 암송 연습을 했다고 한다. 부부가 함께 말씀을 암송하면 더 깊은 이해와 사랑이 나올 것이라 확신한다. 말씀을 통해 두 사람이 함께 예수님의 마음을 품는다면 그것처럼 행복한 삶이 또 있을까? 또한 자녀들과 동일한 말씀을 암송하고 있다면 온 가족이 그 말씀으로 인해 하나가 될 것이다. 서로를 바라보고 이해하는 안목이 커질 것이라는 뜻이다. 식탁에 둘러앉아 함께 암송을 하고 밥을 먹으면 그 말씀이 온 육체에 힘을 줄 것이다. 나의 방문은 일시적이고 제한적이다. 하지만 암송한 말씀을 통해 우리는 지속적으로 하나님과 교제를 나눌 수 있다. 그 말씀은 하나님과 우리 사이를, 사람과 사람 사이를 연결해 준다.

3월에 있는 '온 가족 새벽기도회'에서는 '빌립보서' 전체를 강해하려고 한다. 새벽마다 '빌립보서' 말씀에 대한 해설을 듣고, 그날 그 본문을 암송해서 4장 전체를 암송하면 더 좋겠다. 그렇게 6월에 있을 성경 암송 대회에서는 '빌립보서'를 함께 암송하는 것으로 방향을 잡을까 한다. 7, 8지역 식구들은 '우린 아직 멀었네' 하면서 마냥 안도하지 마시기를! 주의 날은 '도적 같이' 오는 법이다.

부흥이란 말씀이 임하는 것이다. 단지 숫자가 늘어나는 것이 아니라 하나님이 개입하시고 생명력과 영향력이 드러나는 것이다. 말씀을 통해 부흥이 임하고 그 결과 우리는 '나' 자신으로부터 하나님을 추구하게 된다. 이웃을 돌아보게 되고 만물을 새롭게 하시는 하나님의 비전에 동참하는 삶을 살아간다.

예수님 마음 품기

요즘 심방을 다니면서 감동을 많이 받는다. 성도들 대부분 내가 예상했던 것보다 성경 암송을 훨씬 잘하기 때문이다. 이번 주에 어떤 권사님이 '쉬운 성경'으로 암송하시는 것을 들으니 의미가 훨씬 잘 전달되었다.

예수님처럼 생각하고 행동합시다. 그분은 하나님과 똑같이 높은 분이셨지만 결코 높은 자리에 있기를 원하지 않으셨습니다. 오히려 높은 자리를 버리시고 낮은 곳으로 임하셨습니다. 사람의 모습으로 이 땅에 오시고 종과 같이 겸손한 모습을 취하셨습니다. 이 땅에 계신 동안 스스로 낮은 자가 되시며 하나님께 순종하셨습니다. 예수님은 목숨을 버려 십자가에 달려 돌아가시기까지 하나님의 말씀을 따랐습니다. 그러므로 하나님은 예수님을 최고로 높은 자리에 올리시고, 모든 이름 위에 뛰어난 이름이 되게 하셨습니다. 하늘과 땅 위, 땅 아래 있는 모든 만물이 예수 그리스도 앞에 무릎을 꿇고 '예수 그리스도는 주님'이심을 선포하며, 하나님 아버지께 영광을 돌릴 것입니다.

_ 빌립보서 2:5-11 '쉬운 성경'

하나님과 똑같이 높으셨던 분, 하지만 이 땅에 계신 동안 스스로 낮은 자가 되셨고, 십자가에서 돌아가시기까지 하나님의 말씀을 따랐던 분, 우리가 그 예수님처럼 살아갈 수 있다면 얼마나 좋을까? 이 말씀을 암송하시면서 그동안 생각하지 못했던 영역을 더 많이 깨닫고, 새로운 차원의 은혜를 고백하시는 분들을 본다. '말씀이 능력'이라는 사실을 다시 한 번 절감한다.

심방하면서 나도 충전되고 은혜 받는 경우가 많다. 우리 모두 예수님의 마음을 품고 살았으면 좋겠다. 예수님이 우리와 같은 입장이 되신 것처럼 상대방의 입장을 조금만 배려한다면 언어와 행동이 분명히 달라질 것이다.

3월부터는 결혼하는 이들이 꽤 있다. 결혼할 때에는 준비할 일도 많고 신경쓸 일도 많다. 결혼식 준비 때문에 차분히 앉아서 미래를 계획하고 설계하는 일보다 상처 받는 일들이 더 많을 때도 있다. 하지만 우리가 말씀을 묵상한 대로 예수님처럼 생각하고 행동한다면 상처를 줄 일도 없고 받을 일도 없을 것이다. 상처를 주고받는 이유는 우리 안에 욕심이 아직도 많이 있다는 증거일 것이다.

결혼하는 자녀를 위해 더욱 마음을 집중하면 어떨까? 주변적인 것들에 과한 에너지를 소비하지 말고, 두 사람을 위해 진심으로 축복하고 사랑해 준다면 그 외의 것들은 사실 '별것' 아닌 일이다. '별것' 아닌 것을 '별것'으로 생각하니까 정말 큰일이 발생한 것처럼 살아간다. 서로의 입장을 생각하고 배려한다면 그것이 예수님의 마음이고, 험악한 세상을 이길 힘이 하늘로부터 임하는 것을 보게 될 것이다.

안 그래도 청년들이 살기 힘든 세상이다. 그들이 앞으로 어떤 가정을 이루고 어떻게 자녀들을 키울 것인가에 우리나라의 미래가 달려 있다면, 더욱 진심으로 그들에게 집중하고 간절히 기도하며 격려하는 시간이 되었으면 좋겠다.

온 가족 소망 축제

지난 주일 12시부터 호계중학교에 모여 구역별로 각자 준비해 온 음식을 나누면서 축제가 시작되었다. 권사회에서 준비한 밥, 불고기, 떡과 함께 구역별로 준비한 반찬과 과일들이 축제의 풍요로움을 더해 주었다. 푸른 인조 잔디가 깔린 운동장에서 큰 원을 만들고 체조하는 모습이 인상적이었다. 구령대에서 사회자와 함께 그 장면을 지켜보는데 감격이 몰려왔다. 예전에 부교역자로 사역할 때에는 행사를 진행하느라 여유가 없었는데 지금은 한 걸음 뒤에서 성도들을 바라보면서 감사와 기쁨을 누린다.

'제일'과 '소망' 두 팀으로 나눠 '당신의 선택', '협동 제기차기', '굴렁쇠 굴리기', 피구, 농구, 족구, 단체 줄넘기, 축구, 줄다리기, 이어달리기 등 여러 가지 경기가 연이어 진행되었다. 안준엽 청년의 해설은 경기에 적절한 긴장을 불어넣어 보는 이들이 몰입하도록 도와주었다. 특히 축구

경기 해설이 압권이었다. 나름 총동원된 축구 지식과 선수들의 움직임과 개성을 특유의 입담으로 녹여내어 곳곳에서 폭소가 터져 나왔다.

축구든 야구든 어떤 종목이든 해설이 없다면 굉장히 밋밋하고 지루할 것이다. 요즘에는 모든 기록과 자료를 수치화하여 분석하고 예상하는 정보들이 많다 보니 전문적인 지식을 갖춘 아마추어들도 많아졌다. 정확한 근거로 예상하지만 모든 경기에는 의외성이 존재하기에 항상 박진감이 있어 보는 재미가 쏠쏠하다. 물론, 요즘 해설하는 사람들은 통계나 자료에만 의존하는 것이 아니다. 선수 개개인의 삶을 밀착 취재하여 속마음을 나누기도 한다. 그들이 운동하는 기계가 아니라 인격과 감정을 가진 사람이라는 사실이 더해져 감동이 더 커질 때가 많다. 결국 다 '사람'이 하는 것이니까.

서로를 예배당 안에서만 보다가 운동장에서 만나니 또 다른 느낌이다. 같이 땀 흘려 운동하고 이야기하고, 같이 밥 먹고 상품도 타고 사진도 찍으니까 더 특별한 느낌이 들었다. 그냥 우리가 가족 같다는 생각이 든다. 잘해도 즐겁고 실수해도 즐거운, 함께 있는 것만으로도 특별했던 추억이 가슴 한자리에 남았다. 서로를 잘 알기 때문에 축구와 해설을 통해 큰 웃음과 감동과 여유를 나눌 수 있지 않았나 생각한다.

함께 참여하시고 찬조해 주신 분들, 반찬 만드시고 구역식구를 챙기시느라 고생하신 구역장님들, 특별히 권사회와 진행위원들과 교역자들에게 감사와 격려의 박수를 보낸다. 언제 어디서든 서로를 응원했으면 좋겠다. 우리는 다 '하나님 편'이니까!

사랑하는 사람에게 주고 싶은 것

사랑하는 사람에게 주고 싶은 것은 한두 가지에 그치지 않는다. 하늘의 별이라도 따 주고 싶으나 사람의 힘에는 스스로 한계가 있다. 어떤 이는 음악을 조선에 주며, 어떤 이는 문학을 주며, 어떤 이는 예술을 주어 조선에 꽃을 피우며 옷을 입히며 관을 씌울 것이나, 오직 우리는 조선에 성서를 주어 그 뼈대를 세우며 그 피를 만들고자 한다. 같은 기독교라도 어떤 이는 기도생활로 기쁨에 이를 것을 주창하며, 어떤 이는 영적 체험의 신비한 세계를 역설하며, 어떤 이는 신학 지식의 조직적 체계를 애지중지하나, 우리는 오직 성서를 배워 성서를 조선에 주고자 한다. 더 좋은 것을 조선에 주려는 이는 주라. 우리는 다만 성서를 주고자 작은 힘을 다하는 자이다. 그러므로 성서를 조선에

_ 기독교 사상가 김교신의 '성서조선' 중에서

언제 읽어도 가슴이 뭉클한 글이다. 일제 강점기 민족혼의 정신을 일깨우고자 노력했던 기독교 사상가 김교신 선생의 '성서조선' 간행사 중한 부분이다. 말씀을 통해 민족의 골조를 세우고 새로운 혈액을 만들어 순환시키고자 했던 결연한 다짐이 여전히 우리에게 도전을 준다.

추수 감사 주일에 우리는 그동안 기도해 온 전도 대상자들을 초청하여 함께 말씀을 나누었다. 하나님께서 창세전부터 예비하신 아주 귀중한 선물을 '에베소서 2장 1~8절' 말씀을 중심으로 설명해 드렸는데, 아직도 나 자신에게 말씀이 메아리쳐 울린다.

전도는 교회의 규모를 늘리기 위한 수단이 아니다. '사랑하기 때문에' 가장 귀한 것을 나누는 것이다. 영원한 생명과 풍성한 삶을 약속하신 예수 그리스도를 소개하고, 하나님이 하신 일을 이야기하는 것이다. 그래서 우리가 사랑하는 분들이 하나님의 다스림과 통치 안에 거하도록 돕고 섬기는 것이다.

한 달 정도 250여 명의 전도 대상자를 놓고 기도하는 시간이 나에게는 '깊은 감사'의 시간이었다. 사랑하는 마음으로 선물을 고르고 음식을 준비하며 나누고 초청하고 함께 예배드린다는 것은 온 교회가 함께 누리는 기쁨이고 즐거움이었다.

전도가 일회성의 행사가 되어서 안 된다고 생각한다. 이번에 교회에 처음 오신 분들이 예수님을 영접하고 새로운 삶을 살 수 있도록 지속적으로 해산의 진통과 양육의 수고를 감당해야 한다. 쉽지 않은 길이지만, 전쟁과 테러가 일어나 사망의 냄새가 진동하는 이 땅에 하나님의 다스림이 임하기를 사모하면서 이 땅을 회복해 가시는 하나님의 역사에 참여하는 은혜가 우리 공동체 안에 가득 넘치기를 소망한다.

성서조선聖書朝鮮아, 너는 소위 기독신자基督信者보다도 조선혼朝鮮魂을 가진 조선 사람에게 가라, 시골로 가라, 산촌山村으로 가라, 거기에 나무꾼 한 사람을 위로함으로 너의 사명使命을 삼으라.

_ 기독교 사상가 김교신의 '성서조선' 중에서

복음 전하는 일의 즐거움

예전에 '향산교회'에서 사역하던 시절 초등부(4~6학년)를 처음으로 담당하게 되었다. 당시에는 토요일에 격주로 등교했기 때문에 한 달에 두 번 선생님들과 '토요 전도'를 나갔다. 초등부 부장님과 헌신하는 선생님들과 함께 팥빙수 기계와 솜사탕 기계를 가지고 가서 어린 친구들과 대화를 나누고 복음을 전하는 시간을 가졌다. 열매도 많았던 그때를 지금 돌아보니 굉장히 행복한 시간이었다.

최근 어린이 축제를 앞두고 등교 시간에 아이들을 만나면 좋겠다는 제안을 했다. 몇몇 분들과 호계초등학교 정문과 후문 앞에서 어린이 축제 홍보지를 나눠주었다. 그 장소는 등굣길 30분 동안 전교생이 학교로 들어가는 통로이기 때문에 거의 모든 아이들을 만날 수 있다.

3일 동안 아이들을 만나면서 우선적으로 우리 교회에 다니는 아이들을 마음속으로 축복하며 기도해 주었다. 학교 안으로 들어가서 만나는 아이들에게는 '하이파이브'를 나누면서 '파이팅'을 외치고 잘 다녀오라고 다독여 주었다. 우리 교회 다니는 아이들과 같이 오는 아이들에게는 이름을 물어보고 짧은 권면도 했다. 지금 잘 나오지 않는 아이들에게는 1분 정도 할애하여 다시 예수님을 전하기도 했다.

신선한 아침에 순수한 아이들을 만나는 것은 굉장한 기쁨이다. 매번 느끼지만, 조금만 있으면 아이들이 금세 청소년이 되고 군대 가며 시집간다. '향산교회' 시절 전도했던 아이들이 SNS에 올리는 사진을 보면 화장한 얼굴에서 벌써 성숙한 티가 난다. 내게 흰머리 몇 개 생길 동안 아이들은 화장할 나이가 되는 것이다.

지난 목요일 오전에는 집사님 두 분과 하나님나라 복음을 나누었다. 끝나는 시간에 굉장히 고마워하셨다. 바쁜 목사님이 자신들 두 사람만 붙들고 해서 너무 죄송하다고 하신다. 나는 오히려 즐겁다고 말씀드렸다. 실제로 그렇다. 전도하고 복음 전할 때 힘이 솟는다. 성령의 역사를 제일 많이 경험한다. 본질을 추구하다 보면 지엽적인 것은 점점 더 밀려난다. 교회는 하나님나라 복음을 전하는 일에 주안점을 두어야 한다.

토요일에는 주례가 있는데, 두 사람 다 아직 믿음이 없는 청년이다. 고민을 많이 했다. '어떤 멋지고 재미있는 말이 있을까?', 책과 자료를 살펴보다가 그냥 '정면 돌파'하기로 했다. 말씀이 일하고 말씀이 세워지는 시간이 되기를 기도하며! 빙빙 돌리지 않기로 하고 성경을 근거로 주례사를 준비했다. 부담되지만 복음 전하는 시간이기 때문에 즐겁다. 복음 전하는 일의 즐거움을 조금 더 많은 분들이 누렸으면 좋겠다.

구역장 소감

담임목사가 되면서 성도들과 어느 정도의 거리, 보이는 혹은 때로는 보이지 않는 경계선이 있다는 사실을 알게 되었다. 때로는 편하기도 서글프기도 하며, 때로는 '이게 목회가 맞나?' 싶은 생각이 들기도 한다. 부교역자로 섬길 때에는 교사들과 학생들이나 청년들과 같이 호흡하고 장난치고 농담도 수월하게 했다. 집에 초청해서 함께 밥도 먹고 책도 읽으면서 같이 살아간다는 느낌이 있었다. 지금은 그렇지 않다.

담임목사에게 요구되는 보이지 않는 혹은 보여야 하는 체면, 윤리, 무게감에 맞춰서 살다 보니 가끔 몸이 근질거린다. 그러면서도 점점 익숙해져 가는 이중성이 있다. 때로는 사울의 갑옷을 입고 폼을 내지만, 그 옷을 벗어 버려야 편하게 물맷돌을 던질 수 있다는 사실을 알고 있다.

올해부터 구역장이다. 첫 모임 때, 나를 목사라고 생각하지 말고 '교회 오빠'로 편하게 구역장처럼 대해 주었으면 좋겠다고 했다.

"그럼 넥타이부터 풀어 주세요."

해미 자매의 말에 모두가 폭소로 '뒤집어졌다'. 순종하는 마음으로 곧바로 그리고 기꺼이 타이를 풀었다. 2004년에 고등부를 처음 맡았을 당시 해미 자매는 고등학교 2학년이었다. 지금은 아이 둘을 키우는 엄마가 되어 있다. 당시의 나는 20대 후반 청년이었지만 지금은 어느덧 40대 초반의 중년이 되었다.

지난주에는 주방 봉사를 같이 했다. 두 달에 한 번, 6개 구역이 모인 하나의 지역이 주일 점심 봉사를 한다. 비록 식사 준비는 못하지만 설거지만큼은 우리 남자들이 나서자고 '선동'했더니 준우, 기태 형제가 참여해 주었다. 그날 밤 '카카오톡 단톡방'에는 그동안 주방 봉사를 하신 분들의 노고에 깊은 감사를 느꼈다는 고백들이 소감으로 올라왔다. 나도 같은 마음이었다. 이제라도 동참해서 마음의 짐을 조금 덜었다.

한 주간을 마무리하는 시점에는 일주일 동안 읽은 성경 장수를 올린다. 구역장보다 더 읽은 사람이 나올까 봐 올해부터 성경을 열심히 읽고 있다. 고등학교 때는 하루에 20~30장을 기본으로 읽곤 했다. 그때만큼은 아니지만 지금도 열심히 읽는다.

서로의 삶을 나누고, 기도제목을 나눌 때면 애잔한 마음이 올라온다. 내 구역 식구라 그런지, 나눔을 통해 서로를 알아가고 신앙의 과제와 여러 장애물이 무엇인가를 절로 확인하게 된다. 오간 대화는 새벽기도의 자리에서 다시 하나님께 올라간다. '이래서 하늘 가족'이라는 말을 실감한다.

5주밖에 지나지 않았지만 목양의 기쁨을 다시 회복한다. 서로 바쁜 일정 속에서 우리의 만남이 부담되지 않도록 신경 쓴다. 하지만, 무슨 일이든 부담이 있다는 것은 그만큼의 가치가 있다는 일일 것이다. 그 부담을 뛰어 넘어 삶의 양식으로 자연스럽게 자리 잡아 그만큼의 의미와 가치가 실현되기를 기대한다. 한 해 동안 우리는 얼마나 가까워질 것인가? 하나님을 얼마나 더 알아갈 것인가?

구역장 하길 잘했다.

구역장 수련회 스케치

출발하기 며칠 전부터 우천 예보가 있었다. 미세먼지보다 낫다고 생각했지만 살짝 걱정이 몰려왔다. 오후 예배 후라 조금은 피곤한 몸과 복잡했던 마음을 추스르고 관광버스 있는 곳으로 이동했다. 처음 목적지는 순천에 있는 식당이었다. 저녁 8시 도착 예정이기에 네 시간 가량 차에서 허기를 달랠 간식은 '여집사회'에서, 떡은 이덕순 권사님이 각각 준비해 주셨다. 가는 길에 최상대 장로님이 마이크를 잡고 일정에 대한 간략한 보고를 해 주셨고, 이후 수련회에 임하는 각오 등을 질문하면서 여기저기 웃음꽃이 피었다. 중간에 가나다순으로 여섯 개 조로 나누었다.

순천에 도착하기 전, 식사 후에 조별로 순천 거리에서 시간을 보낸 후 숙소로 돌아가면 어떻겠느냐는 제안에 착안하여 나눔의 시간을 조별로 따로 갖기로 했다. 식사 후 어떤 조는 한옥 카페에서, 어떤 조는 공원 벤치에서, 각자 특색 있는 장소에 모여 조별 나눔의 시간을 가졌다. 밤 8시 30분을 넘어 구역장님들과 순천 거리를 활보하며 공간을 찾아다니는 재미에 빠지고, 구역장으로 평소 느낀 보람과 어려운 점과 기도제목 등을 나누다 보니 시간이 금세 지나간다. 결국 계획보다 30분 조금 연장되어 10시 30분에 모두 다시 관광버스로 모였다.

원래 계획은 10시부터 12시까지 숙소에서 조별 나눔과 기도회를 할 예정이었는데, 나 스스로도 피곤해서 '이거 할 수 있겠나?' 하는 생각이 들었다. 이동하는 버스 안에서 서로의 의견을 취합하는 가운데 더 좋은 방향으로 흘러갔고 전혀 예상하지 못한 은혜를 누렸다. 피곤한 시간이었지만 모두 즐거워하셨다.

비 내리는 다음날 아침, 숙소 한 장소에 모여 묵상집 '매일성경'으로 말씀을 묵상했다. 조장님들이 각자 묵상한 내용을 나눈 후에는 조별로 지난밤 나누었던 내용을 함께 공유했다. 평소 혼자 간직할 수밖에 없었던 구역장의 고민과 보람을 나누니 공감이 확산되면서 교회를 향한 공통의 인식들이 자리 잡기 시작했다. 많은 위로와 감동과 도전이 밀려왔다. 서로 나눈 것을 종합하여 간단하게 정리한 후, 기도회를 가지면서 고통 가운데 함께하시는 하나님 앞에 더 가까이 나아가겠다는 다짐을 고백하게 된다.

오전 10시 즈음 기독교 역사박물관으로 이동하여 130년 전 복음 불모지 순천 한 구석에 뿌려진 선교사들의 행적을 돌아본 후 여수로 이동했다. 꼬막 정식으로 배를 채운 후, 오동도에 들어가 멋진 바다와 갯

바위, 수목과 자연의 아름다움을 만끽했다. 비가 가끔 부슬부슬 내렸지만 그로 인한 청명함에 깊은 피톤치드 향이 몰려와 정신이 맑아지고 지친 몸이 생기를 얻었다.

다시 순천으로 이동한 후, 순천만 습지 앞에서 짱뚱어로 기력을 보충하고 안양으로 출발했다. 처음 두 시간은 다들 피곤을 감당하지 못하셨다. 중간에 휴게소에 들른 이후 최상대 장로님이 다시 마이크를 잡고는 한 분 한 분에게 마이크를 건네어 짧고 진했던 일정에 대한 소회를 공유했다. 또 다시 서로 감동을 나누며 앞으로의 삶을 다짐한다.

짧은 기간이었지만, 답사하고 준비한 것 이상의 은혜를 부어 주셨다. 강영도, 이용동, 김백성, 김병대, 박덕성, 박승열 조장들의 활약이 빛났다. 참여해 주신 모든 분들에게 감사하다. 함께하지 못한 구역장님들은 내년에 꼭 함께하시기를 기대한다. 내년에는 또 어떤 위로와 은혜가 예비되어 있을지, 벌써부터 기대감이 만발한다.

캄보디아 비전 트립

'성암교회(담임목사 조주희)'가 40주년 되는 해, 기아 대책 기구와 연계하여 CDP(Child Development Program 어린이 개발 사역)에 동참한 것이 계기가 되어 성도들이 개인적으로 후원하는 아이들을 직접 방문하는 '비전 트립'을 계획했다. 평소에 '와 닿는 선교'를 어떻게 할 것인가 고민하던 차에 직접 배울 수 있는 기회라 여겨 함께 신청했다. 일정이 만만치 않고 날씨나 환경이 쉽지 않지만, 우리 아이들도 직접 선교를 몸으로 체험할 수 있는 시간이 될 것 같아 아내를 설득하여 가족이 함께 참여하게 되었다.

8천여 명이 사는 '쩜빽'이라는 작은 마을에서 어린이를 섬기는 사역이 선교사님 부부를 중심으로 이루어지고 있었다. 기아 대책 기구와 '성암교회'에서 준비한 일정에 우리 가족이 합류하여 함께 예배드리고 아이들과 교제하며 선물을 나누고 축복해 주었다.

저학년과 고학년으로 나누어 이틀 동안 사역을 진행하는 중에 현지 아이들이 사는 가정을 방문할 시간이 있었다. 허름하기 짝이 없는 집과 위생 관리가 전혀 이루어지지 않는 환경에 거주하며 문화와 교육의 혜택을 제대로 받지 못하는 상황을 보면서 몸과 마음이 지쳐갔다. 현지 어른들이 약 하나 처방 받으면 금방 나을 수 있는 질병을 안고 살아가는 모습은 안타까움을 더한다. '킬링필드'와 '앙코르 와트', '뚤슬랭 감옥'과 같은 몇몇 유적지를 살짝 돌아보면서 큰 슬픔의 땅 캄보디아를 조금 더 이해하게 되었다. 나중에 기회가 된다면 유적지를 다시 방문하여 천천히 둘러보고 싶다.

마지막날 저녁 일정이 갑자기 바뀌었다. 조 목사님이 프놈펜에 북한 식당이 있다는 사실을 선교사님으로부터 들으셨던 모양이다. 예약하지 않았지만 '평양랭면집'으로 들어갔다. 한복을 곱게 차려 입은 젊은 여성들이 손님을 맞이했는데, 그들도 우리도 서로 조금 경직된 느낌이다. 조 목사님은 예전에 중국 산둥에서 북한 식당을 이미 경험한 바가 있어, 팁을 주지 말 것과 김정은과 북한 이야기를 하지 말고 사진도 찍지 말 것을 당부하셨다. 자리에 앉아 평양냉면, 떡국, 김치볶음밥, 꿀떡을 차례로 주문했다. 유빈이는 음식을 나르는 북한 여성이 한국어로 말하는 것을 들으면서 신기했던 모양이다. 곧바로 질문을 한다.

"아빠, 왜 캄보디아 사람이 한국말을 해?"

어떻게 대답해야 할지 생각하던 차에 그 여성이 웃으면서 대답한다.

"같은 민족이니까."

이 말이 깊게 남았다. 같은 민족인데 너무 오랜 시간 떨어져 살았다. 우리에게도 익숙한 메뉴지만 맛은 조금씩 달랐다. 그런데 하나같이 음식 맛이 뛰어나다. 냉면은 쫄깃하고 국물이 시원했으며, 김치볶음밥은 기분 좋은 매운 맛이다. 고기가 많이 들어간 떡국은 국물 맛이 진하고 달았다. 꿀떡은 찹쌀에 꿀을 듬뿍 바른 것으로 고소했다. 무엇보다 김치가 시원하고 맛있어서 계속 손이 갔다.

식사 후에는 조금 더 기다렸다가 공연까지 봤다. 어느새 식당 자리가 꽉 차 있었다. 북한 사람들은 곳곳에 보였고 거의 모든 좌석을 중국인들이 채웠다. 김일성대학 출신인지, 예술단 출신인지, 미모의 여인들이 나와서 악기를 다루고 노래와 춤이 어우러진 공연을 펼쳤는데 수준이 굉장히 높다. 특히 중국인들의 반응은 가히 폭발적이어서 공연이 끝날 때마다 꽃다발 세례와 환호성이 이어진다. 외화벌이 수단으로 나와 있는 북한 여성들과 그 장단에 맞춰 환호하는 중국 남성들을 보면서 마음 한구석이 답답하고 애잔해진다.

첫날 밤에는 프놈펜 공항의 비자 발급 받는 곳에서 '샘물 호스피스 병원' 원주희 목사님을 만나 반갑게 인사를 드렸는데, 마지막날 밤에는 생각지도 못한 북한의 음식과 문화를 일부 경험하게 되었다. 오랜 시간 몸과 마음이 기억할 것 같다. 선한 눈동자의 아이들, 무더위, 그리고 평양냉면과 북한 사람들, 아니 같은 민족.

성경학교 추억

흰 구름 뭉게뭉게 피는 하늘에~ 아침 해 명랑하게 솟아오른다. 손에 손을 마주잡은 우리 어린이 발걸음 가벼웁게 찾아가는 길~ 즐거운 여름학교 하나님의 집.

성경학교라 하면 지금도 제일 먼저 떠오르는 찬양이다. 하얀 전지에 매직으로 적은 예쁜 글자체의 가사를 보며 율동과 함께 따라 부르던 기억이 난다. 이 노래를 부르면 오래 전 그 성경학교의 추억이 고스란히 살아난다. 더운 여름임에도 신나는 게임, 수박과 각종 간식, 성경퀴즈와 상품들로 풍성했던 시간이다.

고등학교 다닐 때부터 주일학교 선생님들과 동대문에 있는 교회 강습회를 쫓아다니며, 그 무덥고 습한 날씨 속에서 찬양을 배우고 공과를 익히며 여러 프로그램을 준비하던 열정이 각종 수련회에 관한 기억들의 전부다. 솔직히 지금까지 기억하고 있는 당시의 말씀은 없다는 뜻이다. 그럼에도 그때의 기억들은 지금도 나를 들뜨게 한다. 그리고 그때 배우고 만났던 예수님을 지금도 믿고 따르며 살고 있다.

유아 및 유치부 성경학교가 시작되어 개회 기도를 하고, 아이들이 활동하는 모습을 잠시 지켜보며 무한한 행복에 젖어 들었다. 귀엽고 예쁘고 사랑스러운 아이들에게 은혜가 임하기를 기도하는 마음으로 바라본다. 선생님들의 모습 속에서 내가 지나온 기억들을 회상한다. 다음주에는 초등부 성경학교가 진행되는데, 나도 조금은 긴장이 된다. 아이들이 더 많은 은혜와 추억을 공유했으면 하는 마음이 간절하다.

세상이 복잡해지고 아이들과 교사들의 삶이 바빠져서 예전만큼의 열정들이 일어나지 않는다 하더라도, 여전히 성경학교는 복음을 전파하는 유용한 통로다. 새로운 시도와 도전을 위해 끊임없이 노력해야겠지만 옛 전통과 열정을 전수하는 것도 여전히 중요하다.

교사들과 함께 땀 흘리고 싶은 마음도 간절하지만 이제는 한 걸음 뒤에 서서 큰 틀에서 바라본다. 새벽과 밤 시간에 교사들과 아이들을 위해 기도하고, 성도들에게는 중보기도를 부탁한다. 큰 그림을 그리고 전체를 조망하는 일이 아직도 익숙하지 않다. 가끔은 현장에 있는 교사와 청년들이 부럽기도 하다. 무더위에 땀 흘리며 성경학교를 진행하는 모든 이들의 수고는 감동이다. 모든 부모들이 교사의 마음을 가지고 아이들을 품고 건강한 여름 나기를 위해 기도한다.

성경학교가 있어서 여름이 더 뜨겁다.

교사 위로회

'주일학교에서 아이들을 가르치는 선생님들을 어떻게 위로할 수 있을까?'

계획안을 들여다보니 교역자들과 부장님들이 고심을 많이 한 흔적들이 보인다. 주일학교 상황이 점점 힘들어지고 있다. 인구 감소나 인원수의 문제, 열정의 문제, 급변하는 환경과 시대적 상황 등 여러 가지 문제들을 들춰내는 것은 쉽지만 문제 해결의 방향을 잡기는 여간 어려운 게 아니다. 비교적 건강한 교단에서도 다음세대의 급감과 영향력의 상실에 대한 소식이 들려온다. 여기저기서 신음 소리와 아우성이 크다.

'아직 우리는 괜찮을 거야.'

오래전부터 위기라는 말을 수차례 들어 오면서도 막연히 안심하고 있는 것이 진짜 위기가 아닐까 싶다. 이와 관련해 교역자들과 몇 차례 대화를 나눈 적이 있지만, '이거다' 하는 뾰족한 수가 보이지 않는다. 구체적인 프로그램이 아닌 단순한 몇 가지 열정만으로 뛰어들기에는 물맷돌도 없이 골리앗 앞에 서는 심정이다.

돌아보면 아이들과 학생들, 청년들과 직접적으로 소통이 가능하던 그 시절이 무척 행복했다는 생각이 든다. 교사들과 함께 마틴 로이드 존스와 존 스토트의 책을 읽고, 루이스 벌코프의 교리 요약을 공부했다. 학생들과는 금요일 밤 기도회를 마치고 야식으로 떡볶이를 같이 먹던 일은 그야말로 추억이 되었다.

전에 함께 예배드리며 활동했던 이들이 커서 결혼하거나 아이를 낳았다는 소식을 들을 때, 내가 사역했던 것이 무슨 의미였을까 되짚어 보게 된다.

'그들은 정말 잘 지내고 있을까?'

'함께했던 시간들, 그리고 같이 묵상했던 말씀이 그들에게 어떤 영향을 주고 있을까?'

혼자 질문해 보지만 시원한 답변을 얻지는 못한다. 어쩌면 이 부분이 교사에게 그 무엇도 위로가 되지 않는 지점이지 않을까 싶다. 씨를 뿌리지만 보였으면 하는 열매가 감춰져 있는 상황이 모두에게 힘든 시간들이다.

교사나 교역자로 섬길 때 내가 그들을 도와준다고 생각했는데, 막상 '백수'가 되어 보니 내 몸 하나 지탱하기도 어렵다는 사실을 비싼 돈을 주고 배웠다. 본문을 읽고 설교를 준비하고 아이들을 놓고 기도하던 순간순간들이 결국은 나 자신을 지탱하는 큰 힘이었다는 사실을 새삼 깨닫는다, 그 지지대가 없어지면서 오히려 삶의 무게와 탄력이 줄어들고 영적 근력이 손상되었음을 경험했다.

진귀한 음식, 멋진 트레킹 코스, 좋은 선물도 위로가 되겠지만 함께 그 일을 감당하는 교사가 서로에게 가장 큰 위로가 아닐까 한다. 본문과 씨름하는 그 일, 맡은 양들을 위해 기도하는 것이 진정한 위로라는 뜻이다. 양들이 하나님을 알아가고 성장하는 것을 볼 때, 그것만큼 위로가 되는 것이 또 있을까?

비만이 만병의 근원이라 한다. 먹는 것만큼 움직이지 않으니 탈이 나는 것이다. 신앙도 마찬가지가 아닐까 한다. 영적 비만이 더 심해지기 전에 다시 이 불꽃 속으로 같이 들어갈 이들은 없는 것인지, '꿈꾸지 않으면 사는 게 아니라'고 함께 노래 부를 이들은 어디에 있는 것인지!

온 가족 야유회

올해는 2년마다 가는 '온 가족 야유회'가 있는 해다. 이번에는 DMZ, '도라산전망대'와 '평화의공원'을 다녀왔다. 아이들까지 140여 명이 관광차와 교회 버스에 나눠 타고 출발해 막힘없이 달렸다. 가는 길에 내가 탄 차에서는 최상대 장로님의 사회로 몇몇 분들이 앞으로 나와 마이크를 잡았다. 답사를 먼저 다녀온 국유숙 집사님은 '도라산전망대'에 올랐을 때의 감상을 전해 주셨다. 개성 시내를 바라보며 '이렇게 가까이 살고 있구나!' 생각하셨단다. 마침 날씨도 좋아서 가시거리가 많이 확보될 것 같아 기대감이 증폭되었다.

'제3땅굴'을 다녀온 후에 '도라산전망대'에 올랐는데 북한은 정말 가까이 있었다. 송악산 아래 개성 시내와 공단이 한눈에 보인다. 성도들과 북한을 함께 바라보는 것은 특별한 경험이었다.

정해진 시간이 있어서 또 관광차에 올라 다음 일정인 '평화의공원'으로 향했다. 잘 알려지지 않은 곳이라 우리 교인들끼리 고즈넉한 정취를 누릴 수 있었다. 단풍이 곱게 든 공원 곳곳에 삼삼오오 모여 돗자리를 펴고 준비한 도시락을 꺼냈다. 교회에서 밥과 떡과 물을 준비하고, 구역별로 싸 온 반찬을 서로 꺼내 놓으니 풍성해진다. 오후 1시가 되어 배가 고프기도 했지만 성도들과 야외에서 먹는 도시락은 언제나 꿀맛이다.

야유회에 가기 전의 내 기도는 딱 한 가지였다. 우리가 서로 하나님의 가족임을 경험하게 해 달라는 기도였는데 점심밥을 먹으면서 기도의 응답을 느꼈다. 식사 후에는 산책도 하고 사진도 찍으며 공원 여기저기를 둘러보았다. 아이들은 신나서 뛰어놀고, 어르신들은 그냥 그 자체를 즐기는 듯 보였다. 성도들이 모인 곳곳에서 웃음꽃이 만발하는 모습, 함께 누리는 가을이 참 좋고 감사하다.

다음 일정이 '도라산역'이다. 평양 방면을 가리키는 문구에 심장이 뛴다. 자유롭게 왕래하며 자녀들이 대륙을 횡단하고 더 넓은 세상을 경험하길 소망하는 마음을 그곳에 두고 왔다. 통일촌에 잠시 들러 장단콩으로 빚은 두부와 김치를 먹고 안양으로 출발했다. 되돌아가는 길은 많이 막혔다.

아내와 둘 다 감기 몸살에 걸려 온전하지 않았지만 책임감이 몸을 움직였다. 교회가 가족이라는 사실을 조금이라도 경험하고 나눈 하루에 가치를 두었다. 설교 준비가 짐으로 남아 있었지만, 진행요원들과 삼겹살을 구우며 야유회의 모든 일정을 마무리했다.

북한 마음 나누기

해마다 종교 개혁 기념 주일을 맞아 교역자들이 돌아가면서 그 정신과 의미를 준비해서 강의했다. 5백 년 전의 종교 개혁과 그 시대적 배경을 배우는 것도 중요한 일이지만, 개혁되는 교회가 오늘날의 현실 속에서 어떤 일을 감당할 것인가를 탐구하는 것도 좋은 일이라 여겼다. 종교 개혁의 정신을 통일에 대한 관심으로 옮길 수 없을까, 고민하다가 작년 처음으로 주도홍 교수님을 모시고 통일 관련 설교를 들었다.

가장 인상 깊었던 말씀이 '신명기'의 교훈대로 우리의 것을 나누어야 한다는 메시지였다. 사실 작년 이맘때만 해도 국제 정세와 분위기가 험악했다. 퍼 줘서 결국 핵무기 만들었다는 이야기가 공공연하게 나왔다. 또한 '불바다'와 '핵전쟁' 이런 말들이 나오는 상황 속에서 우리의 것을 어떻게 나눠야 할지 막막했다.

이 와중에 몇 달 전, 김요한 목사님이 '페이스북'에 올린 글을 보면서 '이거다! 우리 교회도 동참하고 싶다'는 생각이 들었다. 추운 겨울을 나야 하는 북한 주민들에게 따뜻한 옷을 보내는 일이 지금 가장 필요한 일로 여겨졌고, 작년에 주 교수님을 통해 우리 교회에 주신 메시지를 직접 실현하는 일이 될 것이라는 확신이 들었다.

최근 북한 관련 도서를 읽으면서 북한도 많이 변했다는 생각. 또한 북한에 대한 고정 관념 그 자체가 통일에 큰 장애가 되겠다고 생각하기 시작했다. 정치적인 이념의 잣대로만 바라보면 퍼 주는 것조차 부담될 수 있다. 하지만 평화를 위한 마중물이요, 통일을 위한 밑거름이며, 장차 우리 아이들이 더 넓은 세상을 밟고 복음을 전할 수 있는 길이라 생각한다면 지금 우리 세대가 씨앗을 뿌려야 할 것이다.

이를 위해 '북한 마음 나누기' 강사로 오시는 김요한 목사님을 통해 성경의 메시지에 더욱 귀를 기울이고, 국제 정세와 북한의 상황에 대한 이야기를 듣게 됨으로써 우리의 기도가 조금 더 구체적으로 변화될 것이라 기대한다. 성도들과 이 일에 참여할 수 있어서 벌써부터 감사하고 풍성한 마음 가득하다. 지난 주일 전도 축제 때 새로 오신 분들에게도 광고를 했더니 평소 북한에 대한 마음을 가지고 계신 분들도 반응을 보였다고 한다.

우리 자녀들만큼은 진영 논리 안에 갇히지 않고 살았으면 좋겠다. 갇혀 있는 섬나라에 살지 않았으면 좋겠다. 아무 생각 없이 끌어모으는 소비자가 되지 않았으면 좋겠다. 부동산 투기에 삶을 거는 나라에서 살지 않았으면 좋겠다. 대륙까지 활보하며 먹거리를 찾고 대국의 기틀을 다지며 하나님나라 복음을 만방에 나누는 인생을 살았으면 좋겠다. 그 소박하고 멋진 꿈을 위해 북한에 마음을 나누는 그 자리를 벌써부터 설레며 기다리게 된다.

복음 전도

11월 전도 축제를 앞두고, 2주간 '릴레이 기도'와 '온 가족 새벽기도회'를 가졌다. 부담 없이 목회한 적은 하루도 없지만, 큰 행사를 앞두고 몰려오는 중압감은 상상을 초월한다. 부담 속에서도 기도만이 깊은 평안을 누리는 자유를 제공한다는 사실을 조금씩 깨닫는다.

두 달 전부터 초청하고자 하는 이들을 구역별로 적어 내고, 함께 기도해 온 것 외에 특별한 프로그램은 없다. 교회는 동네 안에 숨겨져 있고, 교회가 축제한다고 이름이 알려진 특별한 이들을 부르는 것도 아니다. 그저, 그날 내가 설교하고자 하는 주제를 조금 부각시켜 현수막 하나 걸어 놓고 초대장 만들어 나눠 드리는 것이 전부다.

1년에 한 번 하는 전도 축제이기 때문에 '어느 정도'는 동기 부여가 되는 듯하다. 자신의 가족이나 장기 결석자를 돌아보기도 하고 이웃을 초대하기도 한다. 기독교에 대해 적대적이거나 무관심한 이들도 적지 않겠지만, 누가 불러만 준다면 초대에 응하는 '준비된 영혼'도 있다. 삶의 문제와 인생의 한계에 허우적거리며 진실한 답변을 구하는 이들이 분명히 있다는 것이다.

설교는 가장 고민되는 부분이다. 사실 특별한 설교는 아니다. 늘 성도들에게 강조해 온 내용이다. 다만, 교회 바깥에 계신 분들과 교회 문화나 용어에 익숙하지 않은 분들을 조금 더 고려하려니 단어 선택이나 예화를 선정하는 데 있어서 조금 더 신중해진다. 안내나 봉사의 영역들은 해가 갈수록 경험도 쌓이고, 매뉴얼이 있기 때문에 거의 그대로 진행된다. 단, 이번에 예배 순서만큼은 조금 더 단순하게 조정했다. 찬양 시간을 늘렸고 성가대원들 중에도 초청하는 이들이 있을 듯하여 가운을 입지 않은 상태로 회중석에 함께 앉아 있다가 순서에 맞춰 찬양을 부르도록 했다.

생각보다 많은 분들이 오셨다. 반가운 얼굴도 보인다. 새로운 가족이 많이 와도 우리 성도들 얼굴이 보이지 않으면 여전히 부담이고 걱정이다. 마음을 놓을 수 없다. 끝까지, 목회란 그런 것인가 보다.

전도 축제가 끝나고 나면 속이 후련할 줄 알았다. 한 달 동안 긴장 속에 살아온 나를 보상해 주고 싶었다. 하지만 더 큰 부담이 몰려온다. 아직도 우리 주변에 하나님나라 복음을 들어야 할 영혼들이 많다는 사실을 더 절실히 깨닫는다. 한 번의 방문으로 끝나지 않고, 그들이 가지고 있는 인생의 질문과 진리를 연결시켜 주는 역할을 나와 교역자들 중심으로 그리고 전도한 성도들과 온 교회가 감당해야 한다는 사실을 인식한다. 그들의 인생 여정에 우리 교회는 이정표를 제대로 보여 줄 수 있을까? 내년 목회 계획을 통해 이 부분을 담아내야 한다. 그렇게 다시 세상 속으로 향한다.

심방을 앞두고

지난 11월 말부터는 개인적인 사정으로 운동을 전혀 하지 못하고 있다. 몸이 무겁고 금방 피곤을 느낀다. 연말과 새해 첫 주간을 더 정신없이 보냈다. 아직 약속도 많고 할 일이 쌓여 있다. 이 상황에서 다음주부터는 본격적으로 신년 심방이 시작된다.

며칠 전부터 아침 금식을 시작했다. 성도의 아픈 기도제목을 들으며 가만히 있을 수 없다는 생각에서다. 그리고 1월 중에 결정해야 할 중요한 내용들이 몇 가지 있어서 아침을 끊고 기도에 더욱 집중하기로 했다.

새벽 4시 10분에 일어나 1, 2부 예배를 인도하고 오전 7시쯤 집에 가면 배가 무척 고프다. 그리고 특별한 일정이 없는 경우, 되도록 아침은 아내와 아이들과 함께한다. 같이 밥을 먹어야 가족이고 식구라고 생각하기 때문이다. 온 가족이 마주하는 아침은 늘 신선하고 풍성하며 커피

향도 늘 감미롭다. 하지만 당분간 중단한다. 처음에는 조금 힘들었지만 9시 반쯤 사무실에 도착하면 점심식사 전까지 집중력이 더 생긴다.

새벽기도 외에도 짬이 날 때 집중해서 몇 가지를 놓고 간구한다. 성도들을 위해, 자녀들을 위해 기도한다. 일어난 모든 문제는 기도의 재료가 되고, 기도는 하나님과 이어주는 통로가 된다. 6년 전에는 성도들을 알아가기 위한 목적으로 심방을 기획했는데, 이제는 성도들 삶의 목적과 방향을 점검하고 더 깊은 나눔을 위해 준비한다. 그래서 되도록 이번에는 더 많이 듣고자 한다.

제자훈련을 하면서 '이끄미'와 '따르미' 사이에 성령님이 역사하고 계시다는 사실을 자주 경험했다. 보이지 않지만 참 신비롭다. 가치관의 변화, 생각의 변화들이 실제로 일어나니 말이다. 미리 암송하는 말씀은 성도들에게도 많은 유익을 준다. 암송은 힘들지만, 단어와 구절을 이어가며 반복하는 과정을 통해 깊은 진리를 깨닫는다.

목사로서 가장 큰 위로는 말씀 그 자체에 있다. 말씀이 아니라면 성도와 내가 만날 이유가 없다. 내가 세상 지식이나 연륜이 깊은 것도 아니고, 그렇다고 좋은 교훈을 나누는 역량이 있는 것도 아님을 잘 안다. 하지만 성령님이 관계 속에서 역사하시고 만나기도 전에 깨닫게 하시며, 그리고 만남 이후에도 섬세한 인도하심을 허락하시리라 믿는다. 이 모든 것이 말씀 때문에 가능하기 때문에 말씀 자체가 나에게 큰 위로다. 귀한 만남이 기대된다. 다만, 목사의 건강을 생각해서 제발 물만 준비해 주셨으면 좋겠다.

효도 관광은 한강크루즈를 타고

5월이 계절의 여왕이라더니, 아침과 오후 햇살을 받은 꽃과 나무가 선명해서 아름답다. 꽃과 화분을 좋아하는 집사님 한 분이 현관 입구에 예쁜 꽃이 핀 화분을 진열해 놓으셨다. '제라늄'과라고 한다.

꽃보다 아름다운 것은 어르신들의 밝은 얼굴이다. 지난 목요일, 어르신들을 모시고 한강에 다녀왔다. 맑은 하늘과 강 주변 사이로 늘어선 고층 건물과 아파트, 그리고 언뜻 보이는 북한산이 선명하게 다가왔다. 경험 많은 어르신들이라 젊은 시절 여의도 비행장에서 군 생활을 했던 무용담 등 과거 이야기들이 쏟아져 나온다. 선상에서 부는 바람을 함께 맞고, 사진을 찍으며 즐거운 시간을 보냈다.

얼굴과 몸에 고생의 흔적들이 다분하고, 어떤 분은 돌봄과 부축을 받아야 했지만, 함께 나들이할 수 있는 힘이 있는 것만으로도 감사하다.

황영선 목사님이 어르신들 한 분 한 분 세심하게 배려하며 구도를 잡고 사진 작품을 만들어 냈다.

점심은 좋은 약재가 들어간 한방삼계탕을 대접해 드렸다. 국물이 걸쭉하고 빛깔이 고와서 보기만 해도 몸보신이 될 것 같은 느낌이 든다. 다들 맛있게 드시고 더 꽃같이 행복한 얼굴이 되었다. 나를 보실 때면 마치 내가 대접하는 것처럼 목사님 덕분에 잘 먹었다고 하신다. 사실은 어르신들 덕분에 나야말로 좋은 구경하고 맛난 식사를 하는 것인데 말이다. 식사 후에는 성산대교 근처에 있는 '함 공원'으로 이동하여 30년 이상 나라를 수호하고 퇴역한 잠수함과 '참수리호', '서울함' 등을 둘러보았다. 잠수함과 군함 안의 장비들과 지난 세월의 흔적들이 고스란히 남아 있었다. 소량의 입장료를 내고 들어갔는데, 어떤 분이 그러셨다. 군함이 퇴역해도 여전히 돈벌이를 하고 있다고.

새로운 군함들이 만들어지면 이전 것은 뒤로 밀리거나 고물이 된다. 고령화 사회에서 어르신들은 점점 더 외롭고 설 자리를 잃어간다. 도시에든 시골에든 요양원과 요양 병원들이 계속 생겨난다. 현대 사회에서 나이 드는 것은 점점 더 쓸쓸한 일이 되어가는 것 같다.

'소망실버대학' 개강을 앞두고 있다. 소박하게 출발한다. 어르신들이 함께 모여 예배하며 또 하나의 공동체를 이루게 될 것이다. 나이 들어가는 것은 쓸쓸한 것이 아니라 하나님의 힘을 후대에 전하는 것이다. 살아온 인생길에 새겨진 은혜의 흔적을 갈무리하는 시간이 되기를 기도한다.

보지 않아도 보이는 것

'사계절 성경학교'가 열리는 토요일 오전 시간, 교육관에 허원영, 양선경 집사님 두 분이 계셔서 인사도 드릴 겸 문을 열고 들어갔다. 들어가자마자 허원영 부장님이 웃으시며 말씀하신다.

"어머~머머~머! 아휴~ 목사님 지금까지 청소기 밀다가 이제 막 끝내고 커피 한 잔 하고 있는데, 지금 들어오시면 어떡해요? 청소하실 때 들어오셔야지요."

억울하실 법도 하다. 성경학교 앞두고 커피 마시면서 노닥거린다고 판단할 수 있는 순간에 나타났기 때문이다. 가끔은 그럴 때가 있다. 열심히 봉사하거나 땀을 흘리거나 기도를 하거나 누가 봐도 힘들고 가치 있는 일을 할 때는 사람들이 전혀 보지 않고, 졸거나 휴대전화를 보거나 긴장을 풀고 있을 때 누군가 그 모습만 본다면 억울하다.

"성경학교 앞두고 아침부터 땀 흘리며 청소하는 모습 보는 것이 마음 편하겠어요? 아니면 여유를 가지고 커피 마시는 모습 보는 것이 마음 편하겠어요? 저는 커피 마시는 이 장면이 더 좋습니다."

충분히 공감되는 장면이기에 말씀드렸다. 그래도 집사님 입장에서는 계속 아쉬울지도 모르겠다.

때로는 보지 않아도 보일 때가 있다. 주일학교를 담당하며 아이들과 학생들과 씨름하는 선생님들이 얼마나 수고를 하고 있는지, 가끔은 얼마나 상처를 받으며 그 길을 가고 있는지 직접 보지 않아도 안다. 그래서 말을 많이 하지 않아도 마음이 통한다.

어린아이들을 맡아서 돌보는 것은 굉장히 긴장되는 일이다. 아이들이 다쳐 몸에 상처라도 하나 생길까, 적응을 잘 못할까 노심초사하는 것 자체가 부담이다. 자기 자녀들과 놀아주는 일도 지치는데, 많은 아이들에게 성경을 가르치고 밥을 먹이고 프로그램을 진행하는 일은 결코 쉬운 일이 아니다. 또한 성경학교 진행했다고 아이들의 믿음이 금방 자라나는 것도 아니고 누가 인정해 주지도 않는다. 나부터 인색해서 그 고마움을 듬뿍 표현하지 못할 때가 많다.

때로는 보이는 것이 전부가 아니다. 전체를 들여다 보지 않거나 직접 경험하지 않으면 드러난 것과 내가 본 부분만 가지고 판단하게 된다. 그럴 만한 상황, 그럴 수밖에 없는 상황들에 대해 알기 전에는 말과 행동을 조심할 일이다.

극장에서의 예배

영화관에 성경책을 들고 가기는 처음이다. 대형 스크린 앞에서 마이크를 잡는 것도 익숙한 경험은 아니었다. 교회 강단에서는 성도들을 내려다보는데, 영화관에서는 가장 낮은 자리에서 올려다보는 구조다. 예배 후에는 영화 '봉오동 전투'를 관람했다. 영화가 끝난 이후에는 맨 먼저 비상구 앞으로 나와 영화를 보고 나오는 우리 성도들, 그리고 성도들 외에 함께 영화관에 초대 받은 '찾는이(전도 대상자)'들과도 인사를 나누었는데 색다른 경험이었다.

'제일소망교회'의 빨간 벽돌 예배당은 30년 가까이 성도들의 예배처소였다. 함께 밥 먹고 차 마시며 교제를 나누던, 또 뜨겁게 기도하던 장소였다. 건축 당시, 손수 벽돌을 날랐던 성도들에게는 이제는 낡아 버린 벽돌 한 장에 인생과 추억이 담겨 있을 터다. 교회 뒷산의 정취도 여전하다. 눈이 덮여도 예쁘고, 빨간 장미가 펴도 아름답다. 5월에는 각종 상큼한 향기가 예배당을 찾는 이들의 마음을 덮는다. 지금 청장년이 되어 있는 이들에게는 예배당 골목을 뛰어놀던 추억이 고스란히 살아 있을 것이다. 이런 기억을 간직한 우리 예배당 건물이 지역 재개발이 진행되는 관계로 언제 헐릴지 모른다. 보수해 가며 사용한다면 50년 이상 더 사용할 수 있다는 점에서 아쉽다. 골목이 없어지고, 예배당을 둘러싼 동네의 풍경과 정서가 새로운 아파트 숲으로 가려지게 된다.

임시 처소 문제와 보상과 건축에 대한 일로 신경 쓸 일이 많다. 하지만, 건물이 교회가 아니라면 우리가 성전이고, 우리 모임이 교회라면 우리는 삶 속에서 어떻게 하나님나라를 살아낼 수 있을까에 대해서 고민해야 한다.

'예배당이 아닌 극장에서도 예배가 가능한가?'

'가정에서도 교회가 가능한가?'

'선교적 삶을 구체적으로 구현할 수 있는 방안은 무엇인가?'

'새롭게 건물을 지어야 한다면 지역 주민들과 무엇을 공유할 수 있을까?'

'예배하고, 가르치고, 기도하고, 삶을 담아내고, 예배당을 찾는 이들을 섬기기 위해, 그리고 세상 속으로 성도들을 파송하기 위해, 공간과 건물은 어떤 형태를 띠어야 할까?'

머릿속을 떠나지 않는 질문이 계속 이어진다. 누군가의 제안으로 시작된 극장 대관이 이런 고민의 첫걸음이다. 그리고 영화 '봉오동 전투'와 함께 영화 관람을 위해 초대한 이들, 지난 주일에는 이 모든 가능성을 타진했다.

마지막 남은 땅을 사수하기 위해 농기구를 내려놓고 독립군이 되어야 했던 먹먹한 현실은 여전하다. 마침 예비하신 땅을 위해 전진하는 '여호수아' 묵상이 시작된다. 하나님나라의 도전, 우리 공동체가 어떻게 받아들일까!

선교 주일

캄보디아 방문 때의 일이다. 현지인 가정을 심방하며 센터에 모여 있던 아이들의 삶의 현장을 자세히 들여다볼 기회가 있었다. 큰 대야에 담겨 있는 더러워진 물을 보고 누군가 질문을 했을 때 식구들이 아침에 이 물로 씻었다는 대답을 들었다. 덩치가 우리 아이들보다 더 커 보이는 아이들이 상급 학교에 진학할 돈이 없어 몇 년째 유급하는 경우도 있었고, 흙집에서 사는 아이들도 있었다. 사람이 살 수 있을까 싶은 장소에 살고 있는 경우도 있었다. 그래도 아이들의 눈은 살아 있었다. 아이들이 풀 죽어 있지 않고 공부해서 하고 싶은 일이 있다고 말할 때 소망이 있구나 생각했다.

캄보디아 방문 이후 우리 아이들의 생각도 많이 바뀌었다. 꼭 필요한 물건만 구입하면 돈을 모을 수 있고 저축을 통해서 누군가를 도와줄 수 있다는 생각을 하게 되었다. 큐티 할 때 캄보디아에서 만난 언니와 오빠들이 많이 아프다는 기도의 언어를 갖게 되었다. 영상 40도 가까운 날씨로 모두가 헉헉거리며 고생했지만, 우리 아이들에게 캄보디아는 또 가고 싶은 나라가 되었다. 올해 초 우리 가정은 살림 규모를 더 줄여 두 아이와 후원 결연을 맺었다. 정기적으로 받아 보는 아이들의 사진과 성장 과정은 우리 가정에 함께하는 기쁨을 더해 주고 있다.

우리 교회는 그동안 산발적으로 선교 후원과 협력을 많이 해 왔는데, 이번 선교 주일을 계기로 선교의 관심과 기도와 역량을 한곳으로 집중하고자 한다. 제자훈련 '이끄미'를 하면서 가장 큰 수혜자는 '이끄미' 자신임을 매번 확인한다. 전도의 수혜자는 전도하는 사람 자신이다. 복음을 전할 때 모든 고난을 뛰어넘는 기쁨이 주어진다. 선교의 최대 수혜자도 그 교회가 될 것이라 자신한다.

'시편'의 서시와 같은 1편에서 '주야로 말씀을 묵상하는 사람이 복 있다'고 선언했는데, '시편 1권'의 마지막 41장에서 주야로 말씀을 묵상하는 사람의 삶의 방식을 이렇게 제시한다.

가난한 자를 보살피는 자에게 복이 있음이여 재앙의 날에 여호와께서 그를 건지시리로다 _시편 41:1

선교 주일을 통해 복의 관점과 삶의 우선순위가 재조정되는 은혜가 있기를 기도한다.

목동이 만난
사람들

초판 1쇄 발행 | 2021년 5월 15일

지은이 | 임교신
펴낸이 | 김희경, 이상영
기획 및 편집 | 황혜정
디자인 | 정해욱
사진 | 형옥녀

발행처 | 도서출판 가이오
출판등록번호 | 제377-2020-000090호
주소 | 경기도 수원시 팔달구 월드컵로 375(우만동)
문의 | 031-207-5550, happytogetherqt@hanmail.net

가격 | 13,000원
ISBN | 979-11-974713-0-8